虛空和尚

慈悲致富
般若風光

博客思出版社

丹霞燒佛

有一天鄭榮裕居士和陳恆雲居士問虛空師父：《金剛經》中：「若以色見我，以音聲求我，是人行邪道，不能見如來。」的真意為何？

虛空師父講述：有一次，丹霞天然禪師在慧林寺掛單，由於時值嚴冬，再加上大雪紛飛，天氣非常的寒冷，丹霞天然禪師看到佛殿上有木刻的佛像，就直接取下來燒火取暖。院主（住持）一看到這種景象，心想這怎麼得了，立刻上前大聲怒斥說：「該死！你在燒什麼？」

丹霞天然禪師不慌不忙地回答：「我在燒佛像啊！」

「你燒佛像做什麼？」

丹霞天然禪師一邊以木杖撥灰，一邊回答說：「我在燒取舍利子。」

院主沒想到丹霞天然禪師竟然講出這樣的話，更加生氣地呵斥：「胡說！木刻的佛像那有舍利子？」

丹霞天然禪師聽院主這麼一說，從容地拿了兩尊木刻的佛像，再投入火盆裡燃燒，一面說：「木雕的佛像既然沒有舍利，要他何用，我再拿兩尊木佛來燒吧！」

在丹霞禪師的心中，佛的如來法身遍及整個宇宙世間，並不僅是寺中的那些木雕佛像而已。對禪者而言，那一尊佛像早已超越了形質，宇宙真理才是諸佛法身的表徵，然而院主沒有真正認識佛究竟是什麼，所以才會空自著急生氣。

丹霞天然禪師的燒佛，主要為的是燒毀人們眼見耳聞的執著，因為佛遍一切處，那裡有真相可求呢？若能會得，佛自然坐心中。所以，禪門裡的燒佛，乃至念個佛也要漱口，這並非狂妄，而是禪師們的大慈悲，苦口婆心地要吾人認識內在的那尊佛呀！

「若以色見我，以音聲求我，是人行邪道，不能見如來。」正是要吾人體悟，執相而求，不能力行，只會離道越來越遠，而人人自性內在那尊佛不需外求。

目次

丹霞燒佛

虛空語錄

慈悲致富般若風光

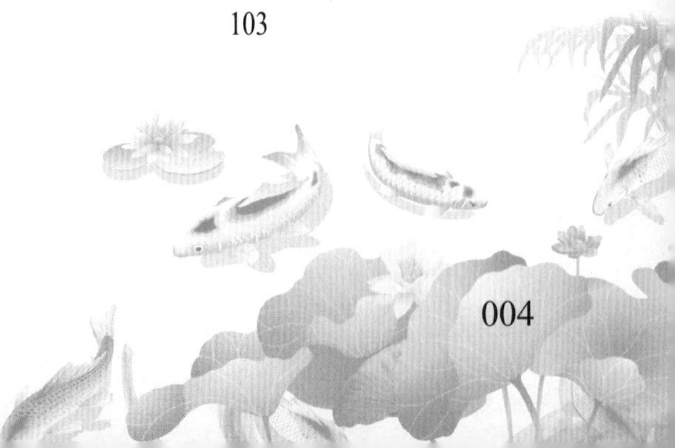

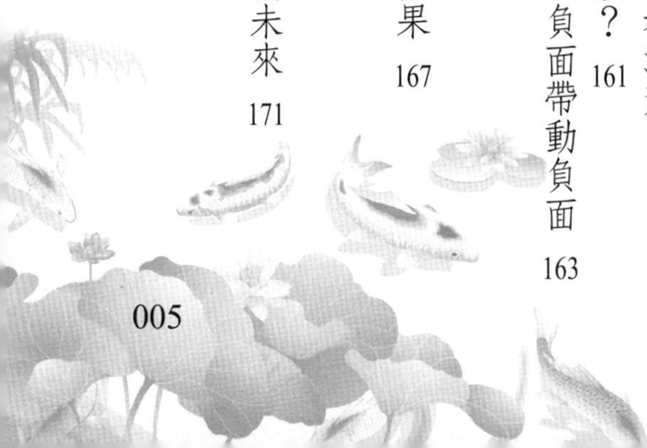

虛空語錄

虛空語錄

一切法篇

◆一切法：有為法與無為法皆含一切法。都不可「染見」或「執著」；曰：如法。即不住有為、不盡無為。

◆一念不起「非」毫無念頭，「而是」不起分別妄想。虛空法師提出：**一念心上的清淨光，是：「法身」佛。一念心上的無分別光，是：「報身」佛。一念心上的無差別光，是：「化身」佛。**

◆不思善：「佛來佛斬」，做善事……不起差別念頭。不思惡：「魔來魔斬」，不可為惡……以戒為念頭。

◆**平日上班賺生活費！假日寺院積福德財。**

◆出「三界」：欲界、色界、無色界。例如：若吾人已斷除淫慾，即可出離欲界。已無男女相，即出離無色界！

◆大乘起信論：亦云：一心生二門；一門：真如門；一門：生滅門。更說：心生則種種法生；**三界唯心、萬法唯識**，心滅則種種法滅。

◆古德云：一念覺，即超出三界；一念迷，即墮入六道輪迴。故：如何修行？對於人情冷暖，要能淡然處之。對於人生順逆，要能不喜不憂。對於榮辱得失，要能平常心視之。**在日常生活中，能如此時時檢視自己的心，便是修行解脫的開始**。

◆儒家的三達德：智、仁、勇。佛家的般若：智慧、慈悲、菩提。把大智慧、大慈悲、大菩提全部融會貫通，**就叫做般若**。般若的大智慧是：要吾人認識宇宙人生的真相。

◆人要有修養，要有苦、樂不為所動的大慈悲。

◆般若的智慧，能讓人看破、放下；什麼都不計較、不比較；什麼都「不在乎」，般若是積極的人生觀。

◆什麼是大勇猛？大菩提呢！就是對「止惡向善」、「斷除煩惱」、「趨向解脫」有果敢的勇氣和決心。

◆般若與智慧有什麼不同？般若↓是「勝義智」，是絕對的善；智慧↓是「世俗智」，是有善「客機」；有惡「戰機」。例如：科學家有智慧，發明了飛機；有善的（商用客機）也製造了殺人武器（戰鬥機）。

◆如何認識「無分無別」的般若：先以「有分別」的智慧慢慢學。

◆什麼是「無相」？所謂「虛空無相」；「虛空」是什麼？世間上任何的東西都是虛空的樣子。譬如：這個房子是長方形的，所以它就是長方形的；茶杯裏面也有虛空，虛空因為茶杯是圓形的，所以它就是圓形的。因此：「虛空」是

「無所相」、「無所不相」；因為「無相」所以「無所不相」；「無所不相」就是「實相」，不執著。執著就是「假相」。「無相」就是「不執著」，「不執著」就是「無相」，「不執著」就是「實相」。（**金剛經云：凡所有相，皆是虛妄↓若見諸相非相，即見如來。**）

◆佛教經義：「我如良醫，知病說藥，服與不服，非醫咎也；我如善導，導人善路，聞之不行，非導過也」，如是見！如是知！即見般若！

◆若我們所信仰的法師，本身仍有貪、瞋、痴，煩惱尚未斷盡，生死尚未解脫，又如何能引渡眾生呢？！

◆**佛教主張：有生必有死；普遍如此，必然如此，本來如此，這句話是放諸四海皆準的「真理」**。

◆「諸行無常」：世上無論任何事物，在時間裡沒有不變的。「諸法無我」：世上無論任何事物，在空間裡沒有獨自存在的。「涅盤寂靜」：因緣起滅其本性皆是靜的，即使是在動盪中，它的本性還是靜的。即是「**涅盤寂靜**」，這就是佛教的基本教義，稱為：三法印。

◆ **「般若」可以讓吾人「知苦↓滅苦」；「觀空↓自在」的功用。**

◆ 為何：「法布施」功德最大！用財布施，錢財終有用完的一天；學佛「開悟」了生、歷生，來來生皆受用。

◆ 「布施」不完全是給人，也是給自己！「你不播種。那裡會有收獲」！所以布施看起來是給別人，實際是給自己。布施是發財的方法，想發財就要布施；想要有人緣，就要布施；沒有播種布施，哪裡能有所收穫呢！

◆ 忍辱是：先忍於口↓再忍於面（臉）↓再忍於心↓修行的功夫到了心上「無心」，一切就沒事了。忍辱能給人好感，並得到許多人緣，獲得大眾認同與幫忙，最是討便宜的；更重要的是，忍辱可以離「苦」得「樂」！

虛空和尚常言道：吃飯吃不著米，喝茶喝不到水呀！

◆**般若是：向內求，向自己求，如果向外求，就不是般若了。**「行深般若波羅蜜多」是什麼時候？就是「能所雙亡」：白話文：「沒有我」是能度眾生的菩薩；「沒有你」是我所度的眾生。**「能所雙亡、淨穢不分」。就是所謂實相般若現前了**。就是菩薩修行到「功行圓滿」了。

道隆篇

◆「般若」是三世諸佛之母。「般若」的智慧可以燒掉「妄想」、「執著」、「自私」、「煩惱」、「虛妄」……。

◆從相續假上看空：我們要感謝「空」；因為空所以我們可以存在同一個世界裏。

◆所謂長江後浪推前浪，世上新人趕舊人。世間一切不停的在變化；都是相續的；「空」義是：真空生妙有。是也！

◆**從循環假上看空：**因成果，果又成因，因因果果，果果因因，循環不已。因証得神通（阿羅漢），看了這，凡人畏果，家人的三世因果：孫子娶祖母，牛羊席上座。感嘆因果的可怕。故；菩薩畏因。

◆**從和合假上看空：**興建房子，把水泥擺一邊，石子擺一邊，鋼筋擺一邊，那麼房子在那裏？所以由此得知房子是一個和合的假體。從「假」裡，可以漸漸體會到「空」。

◆**從相對假上看空：**「師父，你不要在外面講經到裏面來。」反之，我對門內的人說：「你們不要在外面聽經，到裡面來」。哈哈我這裡又變成裏面了。其實，哪裏有裡外呢？！裏外是對待的，是相對的分別呀！

◆**從相狀假上看空：**燈的相狀。坐著看書，或許嫌燈光太暗，而小偷卻嫌太亮。

相狀是假的，只是我們的分別心在造作罷了。

◆**從名詞假上看空：**名詞是假的；我們稱呼別人「各位先生⋯」因早聽習慣了，就很自然了。假如當初人不叫人，而名稱叫「狗」，前面詞便成了：「各位狗先生⋯各位狗女士」⋯⋯。又例如：人初生時，叫嬰兒，漸長大，叫男童，漸長大，叫男學生⋯漸長大，叫男孩⋯，再長大，叫男人⋯，再長大，再長大，叫爸爸⋯又長大，叫老公公⋯⋯⋯。所以「名詞假」，我們不必在上面計較，認識（空）的人，一無所動。那麼「空」裏，還有「嬰兒、男人、女人，的分別嗎？！還有相對？相續？空裡面是本來面貌，只是世界裡森羅萬象變化萬千罷了！不生不滅，不垢不淨，不增不減。

◆**從認識假上看空：**下雨了，因沒帶雨傘：農夫，說「好」！這個人我好喜歡他，他好可愛，因為情人眼中是西施，別人看了，說他「好醜」，所以「美」「醜」沒有一定標準的。**美、醜、好、壞、善、惡，沒有標準，「用無分別的心，把本來的樣子顯現出來，就是空。」人要培養「無我」觀。**

◆什麼是「空」？緣起性空心經云：照見五蘊皆空，亦是：「照見我是空的，照見我是沒有的。」簡言之，就是「無我」。**只有「無我」，才能就成「大我」**。「無我」是吾人「內心」的自性般若風光。

僧伽必讀

◆區區數語表達兒的志向，希望能以弘揚佛法來報答父母的深恩。但願：二老不要掛念，就當一開始就沒有這個兒！等待**將來同証法果，我們自然能在清淨道中相見**。

心經篇

◆虛空和尚常道：「戒」為無上菩提本，應當心持淨戒。

◆心經：**色不異空／空不異色。解：不異；不是不同。（物質離不開精神，精神離不開物質）。**

色不離開空／空不離開色。即是：有就是無，無就是有。**（物質就是精神，精神就是物質）**。二合唯一的。

要想表現「精神」，就要從具體的、「有相」的「物質」來表現「無相的」精神。例：建築物的雄偉（物質！）來自設計師的（精神）力。

◆**佛教講空：並非先把它破壞了，才講「空」。而是在「有」的當下就知道它的本體是「空」。吾人在娑婆世界中「看到的假有是有差別相，分別相而誤執著了。」此「差別」、「分別」心所接觸的六塵境界，是不真實的。無空才能生妙，有四大皆空必然四大皆有！**

◆「無眼界」：心經告訴吾人：眼睛所見絕非真實！也是靠不住的。千萬要牢記。「親眼所看」是靠不住的；「親耳所聽」↓也是靠不住的，切記！

◆若唱同一首歌：你的仇人在唱的……你必定起惡口；你的恩人在唱的……你必定起歡喜；耳根亦會隨心識的感情在變化，故：無真理可言也。依此類推：無眼、耳、鼻、舌、身、意，無色、聲、香、味、觸、法，沒有「六根」沒有「六塵」，有的是**「假相」**。**有人說：「我們要靠自己」有時候那是對的。「不過你若是靠錯誤的自己，靠不正確的自己，那就不行了」千萬牢記，此段話**。

◆沒有煩惱的人生：「無明」是「不明白」，真如佛性：**是明白的、是覺悟的。是出世間的**。舉例：風梨剛採下時，又酸又澀，經風吹日曬，又甜又香。「酸就是甜」，「甜就是酸」，無明（經過）修行。就成為（真如）佛性。所以：無明是生命的本體。是生死的根本，若到覺悟「不生不死」的境界，就是涅盤真如做本體了。

◆**「大乘起信論」講「一心開二門」：一個叫「真如門」↓空門；一個叫「生滅門」↓有門。這兩者是不二門**。吾人「修行」後↓往「真如門」↓了生脫死，出離三界六道。若，吾人沒修好，則↓往「生滅門」↓繼續生死流轉，「六道輪迴」。

◆世間上的「苦」或「樂」，真實說來，都不是別人給我們的；都是自己的行為決定自己的一切。

◆**人的「幸福快樂」**，是人自己創造的。**「痛苦煩惱」**也是自己招感的。所以：每個人的「幸福快樂」亦或「痛苦煩惱」自己是要負最大的責任。

◆第八識「阿賴耶識」又叫作「藏識」。一切的善惡都藏在裡面。**當「第八識」「藏識」**遇到父母的緣份，就投胎去了，這個生命「識」的靈魂就去投胎了，投胎到母親的母胎裡面，就叫作「名色」。**名：是精神的。色：是物質的。**父：精。母：血。一旦和合「精神」「物質」就連結在一起了。色：是物質的（肉體）名：是精神的（受、想、行、識）。哇哇墜地起就有了（眼、耳、鼻、舌、身、意）「六入」漸長，（六入）又叫「六根」。例：因緣相續；吾人是往生滅門或真如門，且看吾人的累劫業報了。

◆一江春水向東流，流到哪裏去？它會再回流的。不回流，那裏有那麼多的水維持江流呢？故：心經云：不生不滅、不垢不淨、不增不減。

◆**什麼是吾人的「本來面貌」？可叫做：「般若」、「真如」、「佛性」、「法身」、「實相」……。**名稱儘管很多，可是意義卻只有一個。當認識了自己的「真如般若佛性法身、實相」的時候，「煩惱無明」也就打破了。**「無明」一滅，則「行滅」↓「識滅」↓「名色滅」↓「六入滅」↓「觸滅」↓「愛滅」↓「取滅」↓「有滅」↓「生滅」↓「老死滅」。老死沒有了，煩惱沒有了，還滅了，人就解脫了。解脫了就回歸我們的本來面貌，回到「吾人的老家了」**虛空和尚常言道：罪業本空，由心造！心若滅時，罪亦亡。

◆「無明」是無始↓「有終」的。我們的「本來面貌」（真如佛性）是：無始，無終的，那麼，生命到什麼時候才會結束呢？！沒有結束，它就如同時鐘的循環，沒有開始，也沒有結束。

◆**無明從無始以來就和真如佛性在一起。**有真如佛性，就有無明，等於一面光亮

（光明）的鏡子，沾染了灰塵，但是無明有終。即無明煩惱可以去除，它可以從圓圈跳脫出來，超越圓圈跳出三界，超越出因緣果的範圍。

◆**請問師父：什麼是「戒定慧」？（禪宗公案）師父：我這裡沒有這許多的閒家具，我這裡沒有戒定慧。他真沒有嗎？！有。有般若、般若裡面煩惱不可有，涅盤也不可有。**

◆鐵鍊沒有了，卻被金鍊鎖住了。例如：烏雲代表「煩惱心」，白雲代表「菩提心」。兩者都可以遮蔽佛性。鐵鍊（代表：吾人的名利心）可以鎖住你，讓你不能自由，然而菩提心的金鍊也可以把你束縛的。

◆心經云：「無智亦無得」就如大家所說的，即是「大智若愚」。無智：是真智慧。無得：才是真得。

◆**真如的智慧是「無分別心」的智慧。「無得」是「以無為有」、「以眾為己」，「以空為樂」的智慧。**千萬不要以為「無智亦無得」不好，「無智亦無得」的境界是「般若」境界。好的不得了！

◆《佛遺教經》：佛陀講的「四聖諦」是不變的真理。《般若心經》裡卻不能讓它存在，要無我。所謂**「無苦、集、滅、道」**。**唯有「無」才能與真理契合**。

◆關鍵的一句話：「無智亦無得」，般若不但要無苦集滅道，連般若智、真空都不准說，因為動念即非，一旦說出來就不是般若了，一說出來就不是了（禪機禪，是參悟，（如人飲水，冷暖自知）。般若的空亦復如是。

◆**儘力「用心傾聽」娑婆世界的音聲，皆可聽出弦外之音，即禪音、禪心。（禪機不可失），吾人修行一段時日，應具足的基本功。**

◆**佛說：不可說！不可說！千萬不要說！（多聽聽弦外之音）**。

◆虛空和尚常道：耳朵不是用來聽的，眼睛更不是用來看的；而內心裡對外界的一切事物了了分明啊！這就是（佛性）。

◆不只念「阿彌陀佛」才能往生極樂世界，念「釋迦牟尼佛」、「觀世音菩薩」等其他名號，也可以往生淨土的。現在車城觀音寺很多信眾在修殊勝的「觀音淨土法門」。

◆「阿彌陀佛」有二義：一是：無量壽，「超越時間」諸行無常；二是無量光，「超越空間」諸法無我。超越「時間」，超越「空間」**就是「真理」**。一句阿彌陀佛，有很深的涵意。什麼都可涵在內，可以代表一切。常唸：南無阿彌陀佛六字洪名具有無量無邊的功德力。

牆外開花牆內香

◆吾人內心上罣礙的：例如「家庭、事業、妻兒、財富、愛情……」的重擔，如果放不下，人生自然就很辛苦。然而**「放下≠放棄」**。放下：是以佛法重新認識這個世間。了知世事終歸於**無常變遷**。即使身處在五欲洪流中，也不被**欲望**

束縛。或是被**名利枷鎖**。能放下，就能找到身心的安穩處，隨心自在了。

◆比「知識」比「智慧」更高的狀態，心如何才能自由自在？如何通達生死而出於生死？

◆如果沒有體會與實証，沒有融入生活之中，二六〇字的心經終究只是文字而已，我們可能會入寶山而空手還，下一次，當我們念到「不生不滅」、「不垢不淨」「不增不減」的時候，就會了解生命更高的狀態其實近在自己心中而已，我們最珍貴的心正是此生最艱難的課題，最巨大的秘密。

◆佛陀說法四十九年，講經三〇〇餘會。其中二十二年都在講「般若經」；可見「般若」非常非常重要。

◆《阿彌陀經》↓是一部描述阿彌陀佛極樂淨土殊勝莊嚴的經典。

◆《維摩詰經》↓是藉由維摩詰居士証得的境界，來闡揚大乘菩薩道。

◆般若心經↓講的則是每一個人最切身緊要的一部經，要認識自己，就要熟讀般若心經。舉例來說：喝茶：不會喝茶的人，感覺茶好苦。會喝茶的人，卻是早晚非來點茶不可。人間之中，譬如飲茶有人好苦，有人甘醇；有人恓惶，有人卻「無比自在」。

◆大家都在求「功名富貴」；但是有了般若，即是求功名富貴，境界、看法卻會不一樣，有了般若，人的生活思想、境界都會改觀。

◆有了般若，不要說証悟到般若可以成佛作祖。哪怕有一點般若的風光人生就將有很大的改變。詩云：「平常一樣窗前月；才有梅花便不同」。所以說，一樣的生活，有了般若就有不同的體會。

◆般若心經為「智慧之母」時時以心念護持，反省觀照自心，如此自然而然在行住坐臥中，身心自在處處結得**善緣**、**時時種下佛緣**得到了修行的大自在，大利益。

◆世間沒有永恆不變的快樂，更沒有永遠盛開的花朵，人的生老病死無可避免，事物的生住異滅、成住壞空都無法逃避，只有覓得生命永恆的歸宿出離三界，六道的輪迴，方可真正的離苦得樂，到達極樂世界。

◆玄奘大師西行取經之時，曾得到觀世音菩薩化身指點。在遭遇險阻時，誦念「心經」，也得到諸佛菩薩的護持，屢屢化險為夷絕處逢生。

◆六祖惠能大師：**何其自性；本不生滅？何其自性；本自具足。何其自性；能生萬法**。惠能大師，証道之後，他終於知道自己的本性是什麼了。而證得自性本不生死，圓滿具足的存在。**般若的指引**，功不可沒，所以說，**般若為諸佛之母**。

◆悉達多的母親是：摩耶夫人。**佛陀的母親是：「般若」**。佛是般若生的。至於人能不能成佛？就看有沒有般若了；那麼般若是誰？般若不用到外面去求。也不是另有一個母親，其實人人都有般若。

佛弟子行（六度）萬行時，更要以（般若）作基石，例如：布施時要用般若布施，（持戒）要用般若，日常生活中的行住坐臥皆應與般若相應。

◆般若是什麼？般若就是**我們的本來面目，就是真我**。現在的我，是假我。真我是般若，我們人人都有一個真理般若。人之所以愚痴（愚昧）就是因為不能認識般若，不能認識自己的本來面目。讀「般若心經」可以認識自己，找到自己回家的道路，生活在**真我的世界裡**。

◆般若與智慧的不同；智慧：有時候，有善，有惡。般若：絕對是善的。例如：有高度智慧的科學者創造飛機，有（客機）善的，有（戰機）惡的。

◆般若如同禪一樣，禪有禪機，禪機在那裏！到處都有，因緣到了，機緣成熟了，就像音樂一開，啊！突然之間就開悟了！（吾人就重生了）例如：放下屠刀立地成佛的屠夫。

◆實相是什麼樣子？例如：房子用木材做的，房子是假相，它的真實樣子是木材。木材做成窗子，就是窗子；木材做成椅子，就是椅子；然而木材也是假相，它是大樹，樹木才是真實的樣子；然而樹木也是假的，它是由：種子、土壤、肥料、水分、陽光、空氣、眾緣合和而成的。所以，實相是什麼樣子？眾緣和合。你要認識（緣）才能知道它的真實來源、真實的樣子、認識到它的根本，其本來面目。人人都有一個本來面目，或說真心、佛心、實相、般若、法身；看起來名稱很多，實際上意義只有一個。例如：房子，房子是假相；它的真實（實相）是由土、水泥、石子、沙、木材、人工等……眾緣和合而成（這才是實相）。

◆娑婆世界的眾生：認識了很多的假相，「凡所有相、皆是虛妄」金剛經云：迷境的眾生不能認識無相，無相才是實相，有相的都是假相，如：張三王五李四……所以，佛法要從無相裡認識實相，因為，有相（例如：房子、茶杯、書本、花、衣服、這個是張三、那個人是李四、此人名叫王五），……都是「一切……世界上物質」眾緣和合而成的……假相。

◆什麼是無相？「虛空無相」；虛空是什麼樣子呢？世間上，任何的東西都是虛空的樣子。譬如：這個長方形的房子裡也有虛空，虛空因為房子是長方形的，所以它就是長方形的。茶杯裡面也有虛空，虛空因為茶杯是圓形的，所以它就是圓形的。因此……虛空是無相、無所不相，因為無相所以無所不相，無所不相，就是實相→反言之實相就是無相。

◆無相→無所不相→實相→無相→無所相→無所不相→無相→實相→無相即是實相。

◆正知正見是「凡夫」的般若。緣起是「聲聞．緣覺」二乘聖者的般若；空是「菩薩」的般若；般若是「佛」的般若；最高的般若要到「佛的境界」才有。

◆大海裡面的水波濤洶湧，一個浪起一個浪滅。一波推著一波，不停的變化，就在說明（諸行無常）、（諸法無我）的道理。假如我們能從波濤洶湧裡進一步認識波濤其實它就是水，水是寂靜的，水本身是不動的。所以從動亂裡，也能認識一個靜的本性來，也能看見它的本來面貌。從千差萬別裡面，也能認識一個平等的樣子來，因為無明的風起，所以水才會動，而其實它的本性是靜的，即使是在動盪中，它的本性也還是靜的，那就叫涅盤寂靜。

◆人死的是軀殼，而人的本性不死。人人都有涅盤寂靜，只是因為涅盤寂靜裡面起了妄動，所以才有生老病死，憂悲苦惱。等到生老病死，憂悲苦惱一解脫，吾人的本性是不生不死，不生不滅，不動不靜，還回我們本性的般若，本來的面目了。了解不生不滅、涅盤寂靜、回到本來面目何懼之有？何煩惱之有？般若有知苦滅苦，觀空自在的功用，沒有般若的人生，欠缺正見、易為外境所轉，而起惑、造業、受苦中輪迴不已。有了般若，便可開發自性之光，証悟自己真實的生命，從生死的此岸渡到解脫的彼岸，此即「波羅蜜多」。

◆經云：生時不齎一文而來；死時不持一文而去。老天爺是公平的，當生命的河水靜靜的流淌時，也正默默的帶走每個人的燦爛流光，春花呀！秋月呢！我們都無可避免的老去。任憑你國色天香，總有色衰相弛的時候。哪怕你坐擁城池。還是有拱手讓人的一天。最難堪的是：曾經芙蓉如面、柳如眉，竟也難逃面貌衰敗，顏色不再的一天。怕的是面對年華即將老去、戰場已不再屬於我們，因而隨之生起恐慌與失落！最後落得「偃兵息鼓」門前廖落，因為年華老去不復當年，愛慕艷羨的眼光和崇敬歌頌的掌聲已然消逝。有什麼比「美人遲暮」、「將軍老邁」更讓人感嘆唏噓？

◆成功常因有人願意犧牲。從自由車隊的比賽過程的協力合作過程，才深刻地體會，一將功成萬骨枯，一個主將之所以最後能站在鎂光燈前領獎，是因為有許多甘心默默的副將在一旁協助的緣故。了解人性的光明與陰暗交錯（愛才者）甘心為「有才者」犧牲，無關主將、副將。而自私者將所有人都當作成功的墊腳石，並且無情的踩踏。

◆一將功成萬骨枯；「好的」領導人讓人甘心樂意為其賣命。「壞的」領導人，則是將下屬推上戰場，以替其賣命贏得戰果。以上「兩者領導人」縱然都贏了，但世人的評價卻截然不同。

◆千手千眼觀世音菩薩的「千手千眼」的像貌，令人心生恐懼，其實那都是助人的象徵。過去在「千光王靜住如來佛」的時候，佛教授「大悲咒」，觀世音菩薩當下發起「救度一切眾生的悲願」，因慈悲頓生「千手千眼」並手持各種法器、文物甚至武器等。運用各種方法救助眾生，脫離一切苦難。

◆菩薩的慈悲出自於「無我的智慧」，沒有貧賤富貴、男女老幼的分別。如水一般，只要眾生需要，都能流向任何需要的一方，也能隨各種器皿變化形狀。「度盡一切眾生」。

◆信眾請師父喝茶，茶杯雖各異（外形），但是杯子裝的都是茶。就像師父的關懷，不會因為外在的表現而有不同，菩薩亦復如是。

◆應把一切男女當作是自己的兄弟姊妹般尊重愛護。能夠潔身於德的仁人君子，必能得到天地的愛護扶持與蒼天的降福恩澤，賜予厚福長壽如意吉祥。

◆世界上沒有真正困難的事，做事須得肯接受別人嫌（批評），久而久之，做事就會順利。

◆不是心、不是佛、不是物。已透露當下不起心、佛、物三者的分別意識心，即是「覺悟的關鍵所在」。

◆禪，就是我們的「心」，這個心不是分別意識的心，而是指我們本自具足的那顆「真心」。宇宙萬法全都源自這一顆心，因此在我們心裡就有真正的寶藏。不必向外遠求。

◆前輩子的婚紗：警惕眾生，不要以為這世作為，這世就可了斷而「一走了之」，事實是「沒完沒了」。人在做，天在看，所以要「時時善、處處善、人人善」才不會「惡業隨身、惡緣隨形」。牆上的時鐘，總是順時針在運行，即是善循環的最佳表現。

◆向困難挑戰，其實就是向「自己挑戰」；能一鼓作氣、通過考驗，我們的人生能從突破創新中獲得無限的意義。

◆人在未悟道以前，心靈是「愚痴苦惱的」，凡事以「自我為中心」。但悟道之後，則由「自利」轉為「利他」，心心念念都是為「普利眾生」。因此，悟道後的生活，是大眾重於個人的生活；是精神重於物質的生活；是智慧重於感情的生活；悟道後的生活也是布施重於接受的生活，能體悟給人的價值，並樂於布施。

◆丙丁童子來求火↓左句屬火，以火求火，這就是說「凡事要反求諸己」。同樣的一句「丙丁童子求火」，對玄則禪師而言，卻有兩種不同的領悟層次。就如天上的月亮，對見不得光的「小偷」與「戀人」來說，雙方可能就有截然不同的感覺或看法。所以對真理不要鑽牛角尖。「反求諸己」固然沒錯，但廣為通達更重要。

◆你的心是善良的，所見無不是善人。你的心胸狹窄，那麼所見也就無不是惡徒了。那你還覺得極樂淨土只在阿彌陀佛的國度嗎？心地善良的人處處受人歡迎。

◆佛教的戒律，不是用來拘束行為，而是依戒守戒，獲得身心的自由。

◆「逢茶吃茶，逢飯吃飯」，這雖尋常事，但是有幾人能真正在喝茶、吃飯中體悟出禪味呢？

虛空和尚常道：鹹有鹹的味，淡有淡的好。

我吃飯時吃不到米，喝茶時喝不到水，即是法樂。

◆所謂「平常心是道」，悟道的關鍵，就在於一顆「平常心」，能以平常心來面對生活中的種種「得失」，就不會迷失在「顛倒罣礙」的情緒裡，而能「時時自在」「處處無礙」。又云：吃飯吃不著米；喝茶喝不著水。您是否會得「平常心」了？

◆「皆大歡喜」的本意是處事「圓融」的哲學，並非「是非善惡不分」的濫慈悲。

◆禪門悟道，最忌聰明分別。風穴禪師的「好商量」，指的是南方的禪門各有各的家風，所謂「商量」是在無商量處才可商量。臨機要直下承擔。

◆臨濟義玄禪師臨終前曾說：「我圓寂之後，我的正法眼藏不得滅卻」。

正法眼藏

◆風穴禪師悟道以後，因為已經能夠「繼承密付」，成為入室的真子，和門外遊手好閒的人不同。

◆真正的禪者是「不向如來行處行」；世間上能改變人的東西太多了！例如：你愛錢，你就會被錢操縱！你沈迷感情，感情就能左右你！你畏懼威權，威權就能改變你，讓你沒有了「自己」！

◆仰山禪師的「禪」，超越了「對待」；超越了「修行」；超越了「信仰」他是個過來人。「一切是佛說的」或「一切是魔說的」都不執著。如此「肯定自己」，世間上還有什麼能奈他呢？這樣找到自己，禪就是能讓人肯定自己。關鍵在「吾人是否已開悟了」。

◆四依中「依智不依識」。吾人一旦開悟了；上述皆因頓悟而不存在於「心上（內、中）或稱心」。例：心滅、一切罪業亦亡。故古德云：是心作佛，即心即佛也。

◆醫生要觀察患者的病症，才能對症下藥；農夫要觀看天時的氣候，才能適時播種；師父得看眾生的根機，方能施予甘露法水呀！

◆禪境，妙高頂上：不可言傳；第二峰頂：略容話會。虛空和尚常道：花香是佛呀！頓悟法門（無情說法）。

◆思量，不思量↓（非思量）。禪，雖不是文字知解，主張「言語道斷」，但是透過文字知解，可以把握不可言處的真髓。禪宗，強調不立文字，但沒有語言文字，又怎能進入佛道？《金剛經》也說：若以色見我，以音聲求我，是人行邪道，不能見如來。都是教人不要將「假相」當作是「真實」，但是不透過「假相」又怎能體悟「真實」呢？唯有超越知見上知識上的「執著」才能探驪得珠，體會到真正的禪味

◆凡「眼睛」看到的「色相」；凡「耳朵」聽到的「聲音」；凡「鼻子」嗅到的「味道」；凡「舌頭」嚐到的「氣味」；凡「身體」碰觸的「感受」；凡「心理」的分別，這一切都是虛妄的「假相」。千萬不可貪著或被污染了！虛空和尚如是說！

◆慈藹的笑容、柔和的語言、樸實的學者風範，這是我對虛空法師的第一印象。第一次聽聞、閱讀《華嚴經》它就深深吸引著我。師父曾說：三藏十二部經如同苦海中的寶筏，在我的生命裡「華嚴經」像一場及時雨，澆潤我多生以來的菩提種子，每一場每一會，如同菩薩在我面前示現發光普利十方。《華嚴經》全名為《大方廣佛華嚴經》，其意在於「大」與「廣」，就空間而言無量無邊的佛國，可以同時成就無量無邊的佛。我想，若娑婆世界的每一個人，皆是一尊佛，就能如同《華嚴世界》一樣清淨無瑕穢。十地，每一地都引起我的好奇。何謂（喜歡）？如何（離垢）？為何十地難思難量難行，聽者會聞而怯步？是因為凡夫如文中所說「**隨識而行，不隨智**」？常常要「反觀自照」，例如：急躁焦慮的人，容易犯「**所知障**」因為急於揀現成的，很容易受外界的刺激牽動，因此而變為邪見、成見、動怒、對立都因之而起。反觀，已開悟的人，能以因緣法，觀一切緣起、緣滅，亦能以聞思修，深入明白世間一切，並以平等、清淨心，面對娑婆世界一切境界。希望自己更深入「華嚴境界」視野更大更廣，如虛空法師所說：站得愈高，世界愈美，心胸愈大，世界也將更為美好。

◆所謂管理，不一定高高在上，做一個發號施令的人，更應當深入群眾，和大家打成一片，才能將團隊的精神帶動起來。

◆降魔禪師很肯定地回答說：有佛就有魔，就算是佛，自性也是空的，那有什麼境界可言呢？

◆祝福天下人，都能找到自己合適的生活模式，而不是遷就他人眼光來決定自己的生活方式。

◆善循環；善因↓善事↓善果。想要收獲，要先播種；想要福氣，要先行布施；工作要有成就，也要先讓上司、同事、甚至對手成功。同樣的、健康、人際、

生命等都須要在善循環裡實踐，由善因行善事最終才有善果。看看牆上的時鐘，總是順時針而行呀！頓悟法門（無情說法）

◆法尚應捨，何況非法。一半好人，一半壞人；這世間是一半一半的，一半白天，一半黑夜；一半是佛；一半是魔。佛魔只在一念之間。一念覺是「佛」一念迷是「魔」一念清淨，不為境轉，就是佛的境界。越州禪師也曾經說過：有佛處不得住；無佛處急走過。所以，即是佛的境界，也不可生起貪著。所謂「佛來佛斬，魔來魔斬」，對於佛與魔都是心無所執，那麼自然解脫無礙。

◆虛空法師：「觀音寺」不好玩！接著云：為求真理登淨域，為學佛法入寶山。勉勵青年，期許到觀音寺是要追求真理佛法，不是要來玩的，莫入寶山空手回。

◆有人問：如何找到真理？虛空法師：以「戒」「定」「慧」三學，三學的力量，無窮無盡的。長養「慈悲」，對家庭社會有用；長養「智慧」，對今後的人生有用；長養「忍耐」，對做人處世有用。

◆虛空法師，以個人多年的參禪悟道，受委曲、打罵、冤枉，未曾反抗不平！來勉勵信眾。

◆「如何修行才不會亂發脾氣」？虛空法師幽默的表示：「發脾氣的人要問自己，問我沒有用。」獲得在場信眾熱烈的掌聲，直指人心，幽默風趣的答案，使全場笑聲、掌聲不斷。

◆不傷深固根，雖伐樹還生；愛欲不斷根，苦生亦復爾。

《法句經》

◆人際關係是，從小小的因緣開始萌芽，漸漸結成善緣或惡緣。如果當下察覺自己身上開始出現「惡緣」即將萌芽的徵兆，那就得像拔除雜草那樣，將「惡業」的根源完全去除。將惡業的根源完全去除，這種智慧一旦開啟那便能根除欲望，向大慈大悲的德行邁進。以上句頌：是對人們沾染上欲望，陷入愛欲而徘徊無窮無盡的生死輪迴，提出的警言。

◆對已犯下的過錯，生起「深深的懺悔之心」時，惡業的環扣便會斷開。有句俗話這麼說：「心好沒人知，嘴壞尚厲害」。「話」，人人會說，但不見得人人會說「話」，「話」說得好，令人悅耳、開心。如此，須時常提醒自己「說好話」，出門工作前，對妻子說：「祝你一天愉快。」；聽到有人咳嗽打噴嚏，向他祝福：「祝你健康」；餐館用餐畢，向服務生微笑道謝：「餐點很可口，吃得好滿足」！雖然娑婆世界，需要「烏鴉」的提醒，但更也需要「喜鵲」的祝福。因此，人在話說出口時，就更要小心這句話對人的影響。無常，隨時可能降臨！

◆鳥在空中飛行，飛過了就不留痕跡，喻指：佛道的修証，就如同淩空而過的飛鳥，無蹤可尋，自由無礙，往來於空寂處，不墮有、無、迷、悟等見解中。假若一有所執，即使只是一絲的染著，也難以契入真理，尋得本來面目。

◆一個人胸懷真理，才能寧靜致遠，才能超然物外。這種內在財富的享受，**才是值得追求的**。

◆自己的本分事和達摩祖師來與沒來，有什麼關係！即使（他）來了，若只像算命先生一樣，見你不會意，便為你解卦，評斷吉凶若不能悟道，實無益處，因無論是福是禍，都是自己的事，一切全得由**自己承擔**！假和尚，真乞丐藉此誤導他人，須各負因果！

◆禪！沒有過去、現在、未來的分別，沒有人我是非的對立，剎那即是永恆，唯有把握當下，觀照自己，自能具足佛法，何須向外尋覓。

◆六、七年抄經下來，發現只要自己願意，心，是隨時都可以安靜的；《心經》開頭的**觀自在**三個字感受特別深，要觀到自己的「在」，看到自己「自不自在」，是很深的功課。

◆在面對每個因緣到來時，能「珍惜」且「**不求**」，這就是佛法的真諦。**學佛可**

以提昇自己，身心靈都會長進。

◆ 將祖先牌位，請去寺院，農曆七月是為祖先超渡的好時機。佛門的看法，如同廣告詞一樣，「你在那裏」？「我在你心裡」，你相信有了孤魂，那便有，因為你心裡面，你已相信有孤魂了！

◆ **與無為的法身相應，生命才能與天地同長。而那~綠色楊柳~青青松柏~都是我的法身呀**，花香是佛！天堂有你……？地獄有我而變成天堂；青青翠竹無非般若，鬱鬱黃花皆是法身；若能開發自性，一花一草無不是佛的法身。

◆ 萬事萬物都是「因緣生，因緣滅」，佛陀也以「生、老、病、死」的無常示現緣起。世尊曾告訴弟子：「我的肉身會年老衰壞，就像車子會破舊，你們要與無為的法身相應，生命才能與天地同長」。而那~綠色楊柳、青青松柏……都是我的**法身**。

虛空和尚常道：佛教徒應知：「不住有為，不盡無為。」

◆一個念頭可將「貪欲心」轉化為「喜捨心」；一個念頭可將「瞋恨心」轉化為「慈悲心」。

◆人沒有見過或聽過的事情很多，不能因為沒有見過，沒有聽過，就認為這個東西不存在。如果因為沒有到過「歐洲」，沒有到過「非洲」，就不相信有歐、非洲的存在，這是無知。

虛空和尚常道：萬法皆空、因果不空。

◆家有千口，主事一人，遵從權威是一種態度也是一種美德。沒有了「規矩」則不成「方圓」，即使是在現今的民主科技時代，大多數的安全福祉，還是操縱在少數人的手上，尤其是最後那顆原子彈的按扭者，永遠只能一人決定。別說小小一個家族了，大至國家甚至聯邦。決策者只有最高統帥一個人，家庭中也是一樣，就算有千口人，就算當中有智慧超群、見解不凡的人才，也要放低姿態聽從主事者安排，否則，人多口雜各執己見，口舌是非便紛爭不斷，人人都有話要說，個個都不服決定，家族中永無寧日，如何過日子呢？

◆祈禱如「清水」，能洗除「污垢」，祈禱如「沃土」，能成熟萬物，祈禱如「陽光」，能祛除黑暗。

虛空和尚常道：「佛法要從恭敬心中求」。

◆慈圓禪師，聽了，拍手稱好，滿心歡喜的說：「對！你說的話完全正確。我們『參禪學道』的人最要緊的就是把握當下這一刻，好！我現在就為你剃度。」

今年才九歲的親鸞上人：「後為日本淨土真宗的開山祖師。」

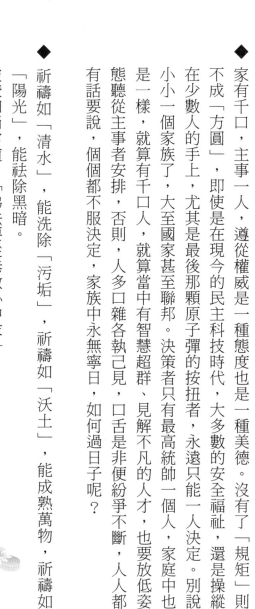

◆唐朝的玄奘大師十二歲出家時，當時出家必須經過考試，因十二歲年紀太小，故未能錄取。因此，傷心痛哭，主考官「鄭善果」就問他為什麼一定要出家，玄奘大師回答為了：「**光大如來遺教，紹隆菩提佛種**」！因有這樣宏偉的志願，才特准了年幼的玄奘出家為沙門。

◆忍是一種力量，人之「相好」「福德」皆從「忍」中而來，「**修忍辱**」要能夠如飲甘露水，能「忍」是有福之人，也是有力之人。

◆禪門裡沒有標準答案，有時候說「有」，有時候說「無」，是真的不同嗎？實在是沒有不同。道只有一個，「有」「無」只是道的「兩面」。道是因人而有所不同的。禪師的問話與答話，有時說有，有時說無，只是從我們不同的程度或層次來體會不同的問題而已。但是吾人常把「禪」及「真理」的「有」「無」從中間劃了一道鴻溝。實在說，「有」「無」是真理的一體兩面，說「有」說「無」其實都是禪。唯有將「有」「無」調和起來，才能獲得**禪心**。……觀機逗教，契入方便法門。

◆《金剛經》裡提到是佛法的，有時候不是佛法；不是佛法的，有時候都是佛法。就如「布施」、「持戒」是佛法，可是將布施任人亂用，那就不是佛法。又如呆板的持戒，執著於教條行慈悲卻不能給人方便，是佛法的，也變成不是佛法了。

飯後茶事

◆**將：慈悲、智慧、忍耐帶回家**，家庭必定會更美滿幸福！身心靈會更美滿有幸福力！有些人雖然「家財萬貫」，但是不滿足，即便是有了「財富」因不懂得運用！**這就是↓富貴的窮人**。反之，雖經濟上拮据…但是每天都有歡喜心（少欲知足），時時感覺世間的美好，雖然沒有財富！**那也是↓富貴的人生**。

◆四祖「道信」禪師開示說：，所謂「百千法門，同歸方寸；河沙妙德，總在心源」，一切的「戒門」、「定門」、「慧門」、「神通變化」都「自然具足，不離本心」。**一切的煩惱業障本來就空寂虛無。你應該「任心自在」莫起貪瞋**

之念、不作諸善、不作諸惡。

◆法印禪師請教四祖道信太師：「如果說一有造作，就離了本心，那麼境界起時，該如何對治？」**答：境界沒有「好」「壞」之分，是由於心在起「分別」**。如果心…不強加「起」各種美醜、好壞、淨穢等等概念在境界上。那麼，各種虛妄的情緒、妄念，又從何而生呢？（含貪、瞋、痴三毒亦含：戒、定、慧三學）妄情即然不起，就能見到我們的本性真心，自然能隨心自在毋須刻意再去做什麼對治了。

◆煩惱，亦是「因緣生」「因緣滅」，是「空無自性的」，所以，吾人的煩惱，是空無自性的，實在不應該存在。

◆修禪，若沒有善知識來引導，常常會因為自己的智慧不足而盲修瞎練。光只是天天打坐，是成不了佛的。也沒有辦法突破現有的困境。境界的突破，還是得從心去著手。一念頓悟，就能解脫自在。一念生迷，就為煩惱所縛，輪迴不已。

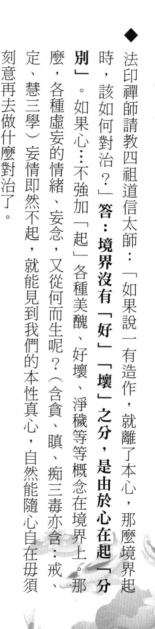

◆雖然，「理」可頓知，但是「事」仍需漸修，所以還是得老實修行。當修行到相當程度時，心就不會再隨外境而攀緣盲轉，此時隨心自在，**佛心**自然會現起。

◆做事不要怕辛苦，慢慢來不著急。只要不死，都有希望，依願力來實現自己的理想。南宋：大詩人→辛稼軒：他有一首「卜算子」描寫牙齒脫落的老態：「剛者不堅勞，柔的難摧挫。不信張開口角看舌在，牙先墮。」因此，道家主張以「柔」克「剛」，不爭而天下莫能與之爭。因此，求人不全然是壞事，只看你當時的動機與態度，有時候遇到困難有人出手相助，代表自己人緣好、貴人多。只要動機純正，心胸坦蕩，我求人，人求我，彼此互助互愛，有何不可？

◆娑婆世界的眾生，把「直通天地的（聖情）情操」降格到「兒女私情」上面去。所以繼續在六道流浪、三界受苦不得解脫。

◆「情難了」「愛難斷」……古人曾說「情到深處無怨尤」，又說「問世間情為何物？直叫人生死相許。」它猶如心中的一條河流，流下去，一直流到海枯石爛，天荒地老，七世夫妻，牛郎織女的故事，不完全是神話，它和人心連結在一起，成為至高的嚮往。

◆眾生看不見如來佛土的莊嚴清淨，這是由於眾生的罪過，而不是如來的過失。眾生因為業力的罪垢所障蔽，就像眼盲的人看不見太陽與月亮一樣。所以眾生看不到世間「無垢無淨」、「絕對清淨」的常寂靜面。看到的只是「有垢有淨相對的二元對立」常生滅面。譬諭：天空的太陽照耀整個大地，可是若只躲在屋裡，以為屋子中的空間就是大地，自然也無法看見外面的太陽了。若以生活的角度切入來看待「心淨國土淨」的道理，可以試想：如果希望花卉不要太快枯萎，不僅要每天換水，還要將末端腐爛的梗剪掉一截，好讓水分吸收，才不易凋謝。

要保持心的純潔清淨亦然，藉由不斷的修行，淨除身心的「雜念」、「憂愁」、「修行善業」、「懺悔」並精進戒行。才能逐漸獲得清涼，不管去到哪裏，都會是寧靜安詳的。**貪**病↓用**捨**醫治，**瞋**病↓用**忍**醫治，**痴**病↓用**慧**醫治。一個人形象的樹立必須經過許多的努力、付出、犧牲、忍耐、委屈、自律而後才能慢慢的受人肯定。

◆ 禪者不能「好名」、「好利」、「好攀緣」、「好虛榮」，必須將「名利」丟開。

◆ 普賢警眾倡：眾等當勤精進……世間無常逃避，生死逼迎。所以……禪者不像一般人住在「人我是非」裡，住在「榮華富貴」裡，住在「名聞利善」裡，住在「眷屬情愛」裡。禪者，都無所住，唯以精勤修行為本分，在心地上用功，才是一個真正的禪者

◆ 虛空法師常言：現在的男人都沒有幽默感，所以女生都不想嫁人。**台灣的青年男女結婚率偏低；是因為台灣青年男人缺乏幽默感。**

◆ 夫妻間要互相讚美、多給予掌聲。「就像大家給我掌聲，我也講得好一點」。幽默話語引得全場哄堂大笑、掌聲如雷。

◆娑婆世界裡最困擾的就是對立，相互憎恨。一生中若沒有想過跟人「對立」，如此才能悠游自在。**僧讚僧，佛法興**。

◆所謂「寧靜致遠」，唯有在寧靜中「不亂看」、「不亂聽」、「不亂說」，我們才能找回自己，增長智慧。

◆禪師，雖然是剎那間開悟，可是平時在心地上早已下過許多功夫。一旦因緣和合，自然就能明心見性。因此，吾人若想要開悟証果，一樣必須發心修行，自修自悟，才能自度度人。

◆忍是一種「功德」，能讓我們減少很多罪業；忍是一種「智慧」，能讓我們圓滿各種人、事。

◆辛苦打完了「禪七」，學僧抱怨七天下來「開悟的契機」沒學到。老和尚偶然聽到學僧的喃喃抱怨，不禁哈哈大笑：「千萬不要有這樣的想法，若要談『開悟的契機』，真的是『一字也無』。老和尚才說完，就連忙自己噓了一聲，扣齒三下，說：我真是沒事多饒舌！這時，隔壁的老禪師，不以為然的搖頭說：好好的一鍋粥，卻被兩粒老鼠屎給污染了」。

◆佛門說：笑容是布施，「一笑即是行佛」，笑可以讓自己快樂亦會讓別人歡喜！有人說：人和動物最大的不同。就是人會：笑！

◆對於人生：要有「人生並不總是一帆風順」，一但厄運降臨，不必驚慌失措，在厄運中訓練彈性和忍耐的認知。古人常說：遇「橫逆」「不怒」；遭「變故」，「不驚」；臨「毀謗」，「不辯」，則可以「任大事了」。

◆老子經典名句：知者不言，言者不知。真正有智慧的人，不會隨便談論。而隨便談論的人，是沒有真正智慧的人。

◆堵塞耳目，關閉感官，收斂鋒芒，消解紛擾，柔和耀眼的光芒，混同於塵俗，這就是「玄同」的境界。

◆一個真正有智慧的人，內心清明，懂得用簡潔的話語表達自己。

◆**以「無」為「有」，↓使「無」變「有」；以「眾」為「己」，↓使「窮」變「富」；以「空」為「樂」，↓使「苦」變「樂」；所以，「空中」會生「妙有」**。

◆任何一位禪者：生死戡不破，就有「恐佈」**的心**，榮辱戡不破，就有「得失」**的心**，貴賤戡不破，就有「分別」**的心**，生佛戡不破，就有「顛倒」**的心**。

◆以無為有↓「無的會變有」；以眾為己↓「窮的會變富」；以空為樂↓「苦的會變樂」。

◆科學不能取代、「或超越佛學」！科學能把人訓練好後，送到二〇幾萬英哩的月球上。但是不能把一個人訓練得登入自己的心坎裡。要讓我們的心登入我們心上的世界，科學無法做到。一定要靠我們自己才有辦法。**所以……極樂世**

界，是我們心裡的世界！

◆《金剛經》裡面有這樣的說法：「過去心不可得！現在心不可得！未來心不可得！」

◆北方來了一位法師特地挑了金剛經（註解），來到南方六組惠能法師祖庭之前一處賣點心的小店。請問大師父，你要吃「點心」？「那麼你是用過去心、現在心、未來心的哪一顆心，點（點心）吃呀？」

◆以上是禪門公案的片斷！答：開悟的禪者，不著外相亦是言語道斷，直指本心！

◆餓了就「點心」吃。問者說：「用什麼心！點『點心』吃呀」！答：「當下肚子餓了！想吃點心的心呀！」。餓了就點點心吃，睏了就找床睡，消遙任運，自由自在！此禪心也。

◆學習「謙卑的縮小自己」，自然獲得大眾和信眾的欣賞及讚歎！

◆裝糊塗是智者的修行。

◆有人問觀世音菩薩千手千眼哪一個才是正眼呢？過去有一位禪師說：「遍身是正眼。」我認為，應該說：「通身是眼」，「通」是透徹的意思，每一個細胞都是眼，「遍」只是個表面的。

◆學佛修行要訓練：例如，平常我們用眼睛看、耳朵聽、用舌頭嚐、用身體感觸。……但是從現在起，可以訓練自己「六根：眼、耳、鼻、舌、身、意」互相運用。例如：「看」不一定用眼睛看，把眼睛閉起來用感觸來看。我們可以運用這樣的方法來訓練，六根互用。

◆有一僧人，未開悟前，一日於五台山上禮拜「文殊師利」菩薩，而親眼看見了「文殊菩薩」乘了白馬來，又於山頂騰入白雲而去！（至此甚為思念……）此一僧人，名曰：文喜！經過了數年的修行，而開悟了，一日，於早齋時掀開了飯鍋蓋時，又看見了文殊菩薩於鍋上的熱氣中，騎白馬而迎向文喜！此時，僧人即云：文殊是文殊，我文喜是文喜，哈哈做笑，而去！**公案：佛來佛斬**。

所以在這個世界上，要找到安心之處是沒有辦法的。那麼，究竟要把心，安在那裡裏呢？有人說：「安於佛法上」。

◆什麼是佛法呢？所謂：「應無所住而生其心」，無住生心，無住就是佛法。虛空和尚常告誡眾弟子：**「不住有為」**、**「不盡無為」是也！**

◆**涅盤的般若「無漏的智慧」，明心見性，消遙任運，自在隨心，禪悅為食，在在處處清涼無比與大地、虛空合而為一**。

◆「悟」究竟是怎樣的情況？砰然一聲，迷妄的世界統統給悟的炸彈炸得粉碎了，一切的差別，森羅萬象都沒有了，現出另一個平等**光輝燦爛的世界**。

◆虛空和尚教導我們，不要因自己的感覺而生起喜歡或厭惡的心，亦勿因此而沈溺或排斥；虛空和尚並勸戒吾人，勿為毀、譽所動搖，亦勿犯下被旺盛或衰弱所動搖之愚蠢過失。若能使內心不偏向痛苦與歡樂的任何一邊，時時保持**絕對的平靜**，那就能進入「真我涅盤」境界了。

◆好好看管離自己最近的眼、耳、鼻、舌、身、意，不要讓它們四處亂竄。**修行，正是從這裡開始的。**

◆悟的境界來臨前，就好像迷妄的虛空，忽然爆碎了，一個金光燦爛的世界呈現在前面，這也就是**「打破虛空笑滿腮，玲瓏寶藏豁然開」**了。

◆一個人「微笑時」最莊嚴！修行人應時時笑臉迎人。

◆能受天磨真鐵漢，不遭人妒是庸才。這句話，豁然了解到唯有淬鍊才能成長，才能百鍊成鋼。我們一起努力吧！

◆**禪者**，崇尚自然，這是禪門一向的風格。禪，就是自然，不假造作，不假思惟，任性消遙，隨緣放曠，**就成為禪者的準則**。

◆所謂來去一致，動靜一如。可惜行腳僧只重世間法，不重禪法。俗不可耐，不能超越，所以虛空和尚才會責備行腳僧擾亂了「禪」的規矩！

◆回覆何明水居士：學佛，只問耕耘，不問收獲，**自然天成的**！好好的悟，其中的道理。

◆相由心生，福報亦由心中慈悲耕耘而來。

◆九拜，在佛門裡是傳法的意思。拜佛是三拜，拜長老、大德只能一拜（但已往生的長老，拜三拜），因此，拜活人就只有一拜。佛門中，傳法是一個大禮，所以一般都要九拜。

◆與人相處，不知道自己的缺失，是一件很危險的事，故凡事不要總是指責別人不對、不是、不好或不應該。學習多要求自己、少要求別人、對人要多些和氣、尊重、明理、包容。佛教經文常曰：佛說不可說，不可說！

虛空和尚常告誡佛弟子若見人過，不盡然要說啊。修行人是不見他人過的啊！

◆不要害怕被別人打倒，能打倒自己的不是別人，而是自己。

◆有智慧的人，凡事往大處著眼，並能識大體，不會為了私利而和人計較，自然能夠受人尊敬。

◆語言是人際間溝通的重要工具，運用不當，則是傷人的強烈武器。

◆從聽開始，我們常因說錯話而後悔，卻從未因沉默而後悔。更不會因為用心傾聽而受傷或失去什麼！聽是思想的開始，聽是謙虛的開始；聽是和平的開始；聽是信賴的開始。聽是天線，讓我接收外在的一切消息；聽是翅膀，帶我飛越時空與心境的距離，聽是陽光，幫我吸收生命的營養素。因此，我會去聽，我能夠聽，我希望聽，我樂於聽。是的。我愛靜靜的、細細的聽。

◆禪七，只有短短幾天，卻讓我的觀念有了轉變，也更懂得照顧念頭。虛空和尚，幾次的開示中提到，要隨時照顧好念頭，把握當下。一句「常覺不住，能深入其心，而無不住，要時時善護清淨心……」深深打入我的心，決定要大展身手試試。（**陳家輝居士參加禪七心得！**）

◆道貴在心行，不在言說。因為「直心是道場」，正邪就看最初那一念。

◆一個人要有前途，一定要有融洽的群我關係，並且主動去關懷別人，能感受到別人的存在，自己才能存在。

◆社會要祥和安樂，須得人人有肚量去容忍對方，接納對方，如果彼此中間有一個「空」，就不可能有衝突。

◆如何消業障？**（竹南鎮博愛街彭勝柔居士問）**，**答：**罪障（業）本空，由心造，心若滅時，罪亦亡。**修習，無相懺悔，來滅罪，才是最究竟的。**虛空和尚如是說。

◆華嚴經云：為求真理登淨域，為學佛法入寶山。

虛空和尚開示錄

◆順境雖好，但往往因得意忘形，而後使人墮落；逆境雖苦，若能衝破難關，逆境即成為一切事業成功的助緣。

◆有權有勢的人不是最好的，世間上最好的人是明理的人。學習靈巧通達，化愚痴為智慧做一個明理的人，才是最重要、最難得的。

◆懺悔不只是身體的禮拜，亦是內心的自省。
懺悔不只是一時的告白，亦是一生的除垢。
懺悔就像清水一樣，可以洗淨我們的「身、口、意」三業罪障。

◆在人生旅途上，對他人的閒言雜語不必計較，應該視為是成就自己的逆增上緣。

◆無論在什麼地方，只要自己歡喜，自覺滿足、安然自在，則天涯海角都是「好地理」。

◆一個善知因果的人，不但自己不種惡因，也會設想周到，不讓別人種惡因，所以不會產生惡業的果報。

◆在團體中縱有不如意，也要方便隨緣隨喜，才不會在大眾中與人結怨；一個人具有歡喜與人為善的性格，在團體中才能生根，方有可長可久的事業。

◆能忍之人，就是慈悲心，就是佛性，一切眾生皆有佛性，這是一種覺性，不但人人都有，連動物也有。這種覺性與慈悲心相應的，與平等心相應的。所以，虛空和尚希望人們「應起悲心，勿貪口腹之欲」，長養慈悲心就從「不吃眾生肉」做起！

◆世間人有一切心，故佛有一切法。佛以一切無量法，斷世間的一切惑、斷娑婆眾生的一切心。

◆人生有多種：有服務的人生，有自私的人生；有智慧的人生，有愚痴的人生；有快樂的人生，有煩惱的人生；想要獲得自在的人生，就要懂得「人我互調」、「以眾為己」、「以人為我」、「以空為樂」如此很多事情就能心平氣和，自然會有自在的人生。

◆佛教的重要，在於能提供生命真相道路的大方向，能銜接過去、現在、未來的生命之流。

◆人生不僅只為展現自己的才能，更重要的是能珍惜人才，給予愛護提拔，為社會大眾創造更多幸福的因緣。

◆生命是活的：活著，就可以看到生命的光彩。

人生的希望，不但要勇敢的活下去，還要有願力活下去，有智慧的活下去。

◆只要我們有恆心達到目標，比別人慢沒有關係；到達終點時，一樣會有人為我們鼓掌與喝采。

◆人生有苦、樂的兩面，太苦了；當然要提起內心的快樂。太樂了；也應該明白人生苦的真相。

◆對於沒有能力改變的環境，要努力培養自己的力量，並等待因緣成熟；凡事不要著急，著急易起煩惱。

◆學佛最大的目的，就是教我們如何從束縛中解脫出來，而獲得全然的自由。

◆人之所以不平，大多是因為有分別心、比較心、計較心、偏見、貪欲、嫉妒、瞋惡。如果能以「清淨、單純」的心來做事，就能泯除分別對待，而過得歡喜自在。

◆不要強迫別人一定要跟自己相同，須知「方便有多門，根機有多種」，更不必要求人人都順從我的意思，眼、耳、鼻、如各司其職，才能成為健全有用的人。

◆所謂歡喜要能與人共享、共有，要能不妒人，要能夠有無私無我的歡喜，才是有價值的歡喜。

◆一個人有沒有作為，端看你有沒有果決的勇氣。

◆一個人的福報，如銀行存款，如果揮霍無度存款會一直減少；積功累德則存款也日漸增多。

◆人，對自己的決定要負責任，要有「一諾即一生」的信念，如此，諸事皆得成就。

◆一個不能認識自己的人，往往昧於自己，昧於事實，而障礙了自己的法身慧命。

◆「要做佛門龍象，先做眾生馬牛」想成就任何事，都必須效法秋圃老農，躬自耕耘培植善好因緣，才能有豐富收獲。

◆工作上沒有誰大、誰小、誰重要、誰不重要，只要發展不同、角度不同。只要我們做什麼像什麼、做什麼都心甘情願，就能擁有一片歡喜的天空。

◆大慈悲的供養是能包容、能提攜。
大智慧的供養是善教導、善剖析。
大勇敢的供養是敢負責、敢擔當。

◆懂得把握當下因緣的人，就會有很多可遇而不可求的機會。

◆無須要求別人對我們好，也不必在乎別人語言態度。只要自己心裡感覺很好、很感謝，有喜悅就好。

◆每個人都是自己的工程師，可以塑造自我的內心世界，可以靠自己的修持來變化氣質。

◆一個人若能經常慚愧自己的不足，慚愧不能幫助世間的苦難眾生，慚愧自己的思想信仰不夠清淨，自然會發奮圖強，有所作為。

◆有理想、有抱負的人，處事著重於該為不該為，而不在乎別人的批評；有接受別人批評的雅量，才有資格與人共事。

◆懂得把握當下，珍惜此刻，也能在立德、立功、立言中，體証生命「剎那即永恆」。

◆有信心，有力量，每一個人都能從失敗中成功。因此，在人生的旅途上，一時的失敗無關閎旨，只要我們肯汲取經驗，再度出發，必有開創新局的一天。

◆多少人每天忙於計較別人的得失成敗，卻忘了關心自己的起心動念。

◆忙，多一點，歡喜也會隨之多一點。人生的意義就是在忙、工作、為人服務中獲得。

◆管理的妙訣，在於將自己的一顆心先管理好，讓自己心中有時間的觀念、有空間的距離、有人我的層次、有數學的統計、有做事的原則。

◆創造事業的人，對自己要節儉，對別人要寬厚。節儉，不只是財物上的節儉也包括時間上的節儉、感情上的節儉。

◆平常修福修慧，與人結緣，樂於幫助別人，服務社會，都是未來解脫得度的資糧。

◆做事不宜有框框，自以為是就是框框、知錯不改就是框框、墨守成規不求進步就是框框。

◆給人歡喜快樂，是菩薩情懷；與人分享利益，是隨喜功德。

◆一個不會與人斤斤計較的人，別人必然喜歡與他為伍。反之，處處用心防範別人的人，別人同樣會防範他。所以要獲得人和、首先須修「不計較」的心。

◆做事遇到困難只是一種過程，就如大石橫路，懦者視為行路的絆腳路，勇者卻認為是進步的踏腳路；有「力量」者，沒有所謂的困難。

◆把自我的長處加以發展，把自我的短處加以修正，才能不斷的成長、不斷的進步。

◆真正的智慧，不是用身份的高低、排名的先後去衡量，而是須有一顆懂得恭敬別人，包容別人的心量。

◆業力之前，機會均等，毫無特殊例外；好壞與否，端看自己是否能應機把握，隨緣得度。

◆「偉大」是多少辛苦和努力換來的讚美詞。雖然世間往往有：好人難做、善事難為的現象，但只要我們站穩腳跟，堅定信念就可以走向光明的未來。

◆「結緣」能化解嫌隙，主動結緣並不表示自己矮了半截，相反地，它比「結怨」更能將事情圓滿解決。

◆語言是溝通感情，傳達思想的工具，但不得體的言語或過多的音聲，常常成為是非煩惱的根源，故佛門有謂「少說一句話，多念一聲佛」。

◆引擎利用後退的力量，引發更大的動能；空氣經過壓縮，更具爆破的威力。所謂「退一步想、海闊天空。」正可點破人類迷妄執著的盲點。

◆在團體中，每一個人都有其價值，要用心扮演好自己的角色，為團體貢獻一己之力，才不會失去自己的價值。

◆做人不能自我設限，懂得因應需要而適時調整自己的觀念、作風、才是做事成功的方法。

◆虛空和尚常云：「學佛的人，務必牢記以下這段話：『「佛」，不可污；「道」，不能染，佛道本自具足，不可於身外，外求自家的寶藏，佛道猶如圓月本體的皎白，本無污染；若以烏雲蔽月是污染，就學佛的人來說是大錯特錯！」

懺悔功德不思議，觀音菩薩來治疾

◆「大慈大悲的觀世音菩薩，您的法力、願力無邊，誓度苦難眾生；弟子常參加觀音法會，並在家中禮拜您的聖像做為修持功課，現今弟子視力障礙，無法自在生活，雖然醫生建議開刀，但弟子非常害怕，祈求您慈悲為我治療」林惠蓮居士，每天早、晚自課，虔誠禮拜觀音菩薩一〇八拜，懺悔往昔無知所造下的惡業，誠心所感，雙目流淚的情形，竟漸漸地好轉，視力雖不及年輕時好，卻也能看清眼前的事物，兩耳重聽耳鳴亦見輕緩，並不再酸痛。

◆皈依三寶「皈」字意：由黑反白了，就是因吾人開始學佛後，內心原來正被染污的心漸漸淨白了。

◆請問虛空師父：「有頓悟法門嗎？」學僧如是問。虛空答：「寺院前庭的花園正百花盛開，聞花香去吧，花香是佛呀！」學僧當下聞花香，俱得頓悟！

◆請問虛空師父：「什麼是斷煩惱的『無心』法門？」另一學僧請示佛法。虛空答學僧：「寺院後門外側有蓮花水池，池中有魚，觀魚可得無心斷煩惱頓悟法門」。學僧當下禮拜，歡喜而去！

◆有一天一位學佛約二十年的老菩薩遇見虛空和尚並請示「唸佛法門」！虛空和尚未回答，卻拿了一張純白的白紙，將白紙剪了一個心型的圖案，送給了老菩薩後，一句話沒說即返回庵房了。

◆請問師父，什麼是佛門常說的「法樂」？廖居士如是請示。
虛空如是答：「吃飯時吃不著米；喝茶時喝不到水。有此體會，即是法樂。」

◆請問師父，出家出世為僧，務必完全斷除淫欲，出家人如何對治淫欲！陳居士在寺院短期出家關齋戒，如是請示師父。
虛空師父答：「出家僧尼一律完完全全斷除淫欲，這是具足戒戒律之一，故必須持戒。日中一食，或三日或五日實行斷食一天。即可對治淫欲，另亦有「觀身不淨」、「白骨觀」和全年冷水沐浴淨身法門或《普門品》經云：『若多多於淫欲，常唸恭敬禮拜觀世音菩薩便可離欲。』也是很好的對治法門。」

◆請問師父，常常在誦經時，經上都有佛曰不可說！不可說！弟子不解其深意，請師父慈悲開示？淑聆菩薩請示師父。
虛空和尚答：「娑婆世界有千百億眾生，每個人的煩惱也百千萬億種；佛陀要吾人：凡事不要都看見別人的缺點，而想改變或批評指正；卻要吾人學佛後藉由禮佛、拜佛虔誠供佛……」見賢思齊，見不賢內自省，懺悔自身業障並深知佛法是要吾人用心「聞、思、修」千萬別用身、口、意來污染了原本就清淨無瑕的佛性。最古老的禪門公案，靈山會上，拈花微笑，就是佛曰：「不可說！不可說！」的最佳實證。

◆有一同修鄭榮裕和陳恆雲來到觀音寺參學，一日早課後，遇見虛空和尚，即向前請示：「師父，請您指示我解脫的法門？」虛空答：「誰纏縛你了？」和尚這樣反問。從這反問中可知，沒有誰纏縛著自己，既然知道是自繩自縛，如果能以平等心解除執著的心（繩），以慈悲觀打斷煩惱的鎖，則觀世音菩薩即時示現給你解脫了。

人在世間上，就好像是空花水月或是一場戲，指示須為沒有真實。把一個我，完全給貪瞋痴邪惡佔滿，這一個醜惡的自己、污穢的自己，是很不容易看出來的。若要觀察它，必須要以真實不虛的大悲明鏡來顯照，這個真實不虛的明鏡，即是朝念慕念，大悲觀世音菩薩的慈顏和名號。

老實勤快．幸運降臨他身上
億萬遺產．贈男管家
尼泊爾貧男．名攝影師收為徒．工作三十六年．女星身後全送他。

貪念

股市暴跌，投資人手中的股票被套牢，叫苦連天。看不清情勢變幻，卻又捨不得大刀闊斧，停損出場，導致愈套愈深。

在亞洲，有一種捉猴子的陷阱，就是把椰子挖空，然後用繩子綁起來，接在樹上或固定在地上，椰子上留了一個小洞，裡面放了一些食物，洞口大小恰好只能讓猴子空著手伸進去，而無法握著拳伸出來。但是只要猴子不將拳頭緊握，原本伸直進去的手就能依照同樣的姿勢伸出洞口。

猴子總是聞香而來，將牠的手伸進椰子洞裡抓食物，可是當獵人來時，猴子雖然驚慌失措，但由於牠不願意把手中的食物放掉，拳頭也就沒有辦法伸出洞口，就這樣活生生地被獵人捉走了。

我們也是如此，心中貪的欲念使我們放不下，內心的欲望與執著，使我們一直受縛；所以我們唯一要做的，只是將我們的雙手張開，放下無謂的執著，就能逍遙自在了。

佛教成語：現身說法

「現身說法」，原是指佛陀、菩薩顯現種種應化身，宣說佛法以度化眾生。後世則用來譬喻以親身的經歷為實證，來勸導別人或為他人解說。

佛典中常見指觀世音菩薩教導眾生時，因應眾生不同的根器，化現各種適當的身分為之說法。一如《法華經．普門品》中說：「應以何身得度者，即現何身而為說法。」

清．康熙〈本刻觀音像贊〉也有相關詩句：「普門大士悲濟以慈，隨聲應感實語非虛。應以何度現身說法，汝自不知墮鳩槃茶（大力鬼王之名）。」

在南傳《大般涅槃經》也記載，佛陀為人天八種有情（剎利眾、婆羅門眾、居士眾、沙門眾、四天王眾、忉利天眾、魔眾、梵天眾等）說法時，都會讓自己的膚色、聲音、語言與他們相同，並以法要示教利喜。大家聽聞歡喜之餘，競相詰問：「為我們說法的是誰呀？是神還是人？」但佛陀說法後即隱身而去，眾等仍不知其身分。

可見，佛陀神通化現，廣為說法，完完全全是以平等、同理之心示教利喜！

另《心地觀經淺註》有這樣的注解：「觀自在者，謂觀世言音，尋聲救苦，現身說法，無私普遍，故曰自在。」由於菩薩不忍眾生受輪迴之苦，故不分貴賤、愚智，處處現身顯說正法，而不談論無益於修行的話。

於《華嚴經》更提到菩薩「於一切眾生，悉知其心，悉知其根，隨其欲解，現身說法，……教化調伏，無有休息。」以其不忍眾生長在生死輪迴的悲愍之心，悉知一切眾生心意，而能隨其根性現身演說妙法。

甚至《楞嚴經通議》提到，對於即將證悟的修行者，佛、菩薩也會現身說法，協助其速證阿羅漢果。因此，在日常生活中，若遇到需要我們幫助的人、事時，當不吝伸出援手，說不定會成就出一位阿羅漢呢！

誠如現今台灣十大死亡原因榜首—癌症，若曾罹患癌症的患者，分享自己抗癌的親身經驗，透過或演說或著書，讓大眾明白癌症不是病，甚至如何正確面對與治療，即是最好的「現身說法」了！

慈悲致富

般若風光

將心比心：扶老人家一把

日前，因轉換工作跑道，經常搭公車前往面試公司。面試時間多定在早上十點或下午兩點左右，這兩個時段非交通尖峰期，乘客中總有不少上了年紀的人，行動較緩慢，我注意到大多數的公車司機，都能耐心的等候長者上下車，上了車也總有讓座的人。

有一次，我攙扶排在我前面，手拿枴杖，顫顫巍巍腿抬不起來的老人家上公車；另一次，我已經下車了，回頭看到一位老人家，邊揮著枴杖、邊舉步維艱的往前趕這班公車，我正想開口請司機等一下，突然間，公車後門打開了，我趁勢順利的將氣喘吁吁的老人家推上公車。車子開走後，同行友人說：「妳很勇敢耶！一般人不會這麼多事，即使有心，也會有些不好意思。」

我說，我幫助別人的父親，希望別人也能這樣對待我的父親。我們總有一天會老，希望將來年輕一代，也能這樣對待我們。

子曰：「己所不欲，勿施於人」這句話的另一層含義不就是「己所期盼，先施於人」嗎？

回想當時主動打開公車後門，雙手枕著後腦杓，好整以暇的等著老人家上車的年輕公車司機，相信他一定同意我的看法。

自我挫折

挫折本來自外界，很多人卻出於自己。近來年輕人被批評「不認真，不用心」、「不能承擔，不能吃苦」、「低成就，高享受」。

學者專家、家長老師檢討聲盈堂，分析文章成篇累牘，人言言殊。最近有教育學者認為，年輕人會如此這般，主要是「自我挫折」。

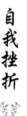

愈來愈多人眼高手低，不腳踏實地，深怕挫折，不敢面對，不願嘗試。抱著「與其失敗，不如退縮」的想法。能躲就躲，能避則避，不是延畢，就是考研究所，只要不出校門，就不必面對社會，不必面對人群。找不到工作就窩在家裡當「啃老族」，吃穿靠父母，宅男宅女，每天悠遊網路，「不怕失敗，沒有挫折」。

聚沙成塔，積水成河，成功之路是一小步一小步走出來，成果是一小撮一小撮堆積而成，有了小成就，就有欣喜、有信心，一步一步往前走，成功就在前面，水到渠成。

但年輕人往往看不起小成就，又擔不了大志業，就這樣高不成低不就，日子一天一天錯過，惡性循環，挫折感愈來愈重，對任何事提不起興趣，想成就一番志業，有如癡人說夢。

年輕人要提起精神，不要怕失敗，不要自我挫折，走出去見陽光，水來土掩，兵來將擋，逢山開路，遇水架橋，路自然愈走愈開闊。

小中求大

許多人自嘆渺小，認為做人沒有用，甚至認命，自暴自棄。其實人的潛力無限，極小中可求極大。

以戲劇為例，舞台框框雖小，但只要劇本好，導演好，演員好，可顛倒眾生萬象，使觀眾忘了侷促的小小戲院。

大自然也有極小中求極大，原子中子核子質子在真空中會爆成無限大，原子彈威力就是這種原理產生。

一沙一世界，一葉一菩提，人生舞台也可極小中求極大。許多大人物，小時候生長在卑微家庭，微不足道，但不認命，不服輸，困境中不斷創造自己，努力不輟，挑戰，超越，終於領先群倫，成了人上人。

一個人要極小中求極大，需要天賦，需要智慧，需要毅力，需要機會，需要信心，需要勇氣。機會可以創造，成功則靠努力。

極小中求極大，常見在運動競賽中，許多選手一剎那間，創造驚人紀錄，見證體能有限，潛能無限的說法。

有位馬拉松教練說，當教練，沒有能力預知孩子未來，也沒有權力左右孩子將來，但有責任與義務把孩子帶起來。說明遇到好的指導者，也能啟發極小中求極大。同樣在心靈世界，賢者智者點燈，可照亮卑微成巨人身影。

有佛法就有辦法，相信只要善良、美好、慈悲，再小願力都可成就極大。

幽默不是迎頭激辯

有位病人跟護士說，請您把我安排在三等病房，我很窮。護士問，沒有人能幫助您嗎？病人答，沒有，我只有一個姐姐，她是個修女，也很窮。護士嘲諷說，修女怎麼會窮呢？她和上帝結婚，富得很！

病人對護士的不恭很生氣，但並沒有發火。他想了想，回敬護士說，那好吧，您就把我安排在一等病房，之後把賬單寄給我姐夫就行了。

這種借力使力的方式，既免去了蠻力之苦，又能化解危機。這個護士的嘲諷顯然是荒謬的，但病人並不直接揭穿，而是故意推衍出同樣荒謬結論：把賬單寄給上帝，讓對方無話可說。

對於風趣好玩的事物或行為，我們先人留下了諸如《笑林廣記》、《古今譚概》等很多專輯，所創造出來的辭彙也非常豐富。撇去成語不談，僅兩字的片語就有滑稽、俏皮、調侃、揶揄、詼諧、戲謔、解頤、莞爾、捧腹、噴飯等等。至於近代出現的「幽默」、「噱頭」等辭彙，則是外來語的加工再造。

「幽默」一詞源自「Humor」的音譯，據說是出自林語堂先生手筆，梁實秋先生認為譯得音義兼顧，相當傳神。曾在美國印第安那大學的博士范劍淼所創建的《海詞在線詞典》中仔細聽過「Humor」一詞的發音，感覺非常接近漢語的「解悶」，若照此翻成中文，可以說是「幽默」一詞的通俗版了。

生命痕跡不必言說

先秦有一派思想號稱名家，企圖尋繹詞與物之間的關係，能指與所指、定義與挪借，充滿豐富的歧義性。有人說，若真的理解一樣事物，必定能夠說出個所以然來，這句話顯然排除了「人」作為有情世間的存在性。

我們無法確切說明「人」是什麼，即便是詭辯也說不明白，卻能用「排除法」解釋何謂「非人」。偶爾，在定義時還會出現大致理解卻難以描述的現象，譬如解釋「愛」。

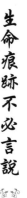

這牽涉如何去描述物的問題。理解某樣物是否就能具體描述，物與詞的關係耐人尋味。譬如我說：某個東西有四隻腳，還有一個平面可以用來放東西，材質是木製。訊息戛然而止，會是桌子還是椅子呢？也許桌椅都未必要有腳，人類的辭彙太貧乏，種種描述不免「瞎子摸象」，更忽略了個別差異。

我相信語言具備神祕的力量，如同莫可名狀的「道」，任何說法都只能更逼近，卻無法與之並論。語言讓我們理解物，也讓我們被自己局限，陷落在固定的認知裡。就像在學習過程中，許多考試只能有一個固定答案，儘管大家都清楚，標準答案不過就是錯誤較少的選項。至於創意，無疑就是以更宏觀的視野去看待詞與物的關係，譬如禪門一偈，也並非每次都要人吃上一記悶棍。

歲月洪流裡的種種關係又何嘗不是如此！不是語言遊戲，也絕非故作神祕，許多的事無法明確以言語表達，只能彼此心解冥契。此時無聲勝有聲，觸動心弦的瞬間，物與詞的界線也因此泯除，彷彿櫻花飄落、燭焰搖動，我們都看見某種生命的痕跡，但不必言說。

少壯當努力

一天上午，阿難跟隨佛陀到舍衛城弘化，途中見到一對身形佝僂、衣衫襤褸的老夫婦，瑟縮著身，蹲在正燃燒著的垃圾堆旁取暖，眼中不時流露出悽愴悲涼的眼神。

這時佛陀問阿難：「你看見那一對老夫婦嗎？」

阿難回答：「是的，佛陀！」

佛陀告訴阿難：「這一對年老的夫婦，在他們人生的第一階段—年少的時候，如果能夠發憤圖強，努力創業，必然可以成為舍衛城中的首富；如果能出家學道，精進修行，必然可以證得阿羅漢果。其次，在人生的第二階段—盛壯之年，如果能夠繼續如是精進，必然能成為地方富豪，或是證得阿那含果。再其次，在人生的第三階段—中年的時候，如果能夠持續精進，必然能夠豐衣足食，或是證得斯陀含果。末後，在人生的第四階段—年老的時候，如果能夠不倦不怠，至少能夠衣食無缺，或是證得須陀含果。但是他們至今老態龍鍾，一事無成，既不能過著安定的生活，也不能精進證果。」

佛陀接著說：「一個人年少時不修清淨梵行，也不開創事業，到頭來就如老鵠鳥棲止在空池，死守著池子，了度殘生；盛壯時不修清淨梵行，也不開創事業，到如今只有拖著彎曲如弓的身形，淒涼地度過晚年，徒然追憶昔日的風光而不勝唏噓。」

「所以，阿難！人生當珍惜少壯時光，否則少壯不努力，老大徒傷悲啊！」

佛陀不忘補充一句，語氣中充滿了對眾生的悲愍。

三杯茶種福田

有位西方人在阿富汗登山遭遇山難，昏迷醒來發現被安置在山村人家，窮苦的村民把最好的房間讓他住，還敬他三杯茶。

茶在冰天雪地的山村難得一見，「三杯茶」更是崇高敬意。「第一杯」表示對受難者的安慰，「第二杯」對陌生人的歡迎，「第三杯」表示與家人一樣的情誼。

西方人在盛情照顧下很快復元，返國前問村民需要什麼，村民回答「學校」，有教育才有希望。西方人認同，甚至強調女性受教育比男性重要，男性受了教育「獨善其身」，女性教養兒女，受教育「兼善天下」。

西方人不敢怠慢，回國後寫了大批信件，向世界各方募款。後來他寫出《三杯茶》故事，感動了許多人；他也成了暢銷作家，忙著演講、座談，奔走募款。

他劍及履及展開建校工作，許多熱心人響應當義工，建校計畫順利進行。這位西方人還與常人看法不同，選擇到人煙少至「世界盡頭」建校。

如今他建校無數，並出版了第二本書《石頭變學校》，重點描述學校的建材，都是美國轟炸阿富汗破碎的石頭，也教育下一代珍惜和平的可貴。

佛教講求因果，「三杯茶」就這樣造就了一個偉大的興學工程，也造福無數偏鄉兒童。

真正的財富

巴拉圭有一對未婚夫妻，中了高額彩券，獎金是七萬五千美元，折合新台幣約兩百四十萬元。

可是，這對馬上要結婚的新人，在中獎後隔天，就為了「誰該擁有這筆意外之財」而鬧翻了；兩人大吵一架，並不惜撕破臉、鬧上法庭。因為這張彩券當時是握在未婚妻柯莉雅的手中，未婚夫馬丁尼茲氣憤地告訴法官：「那張彩券是我買的，後來她把彩券放入她的皮包內，但我也沒說什麼，因為她是我的未婚妻！可是，她竟然這麼無恥、不要臉，居然敢說彩券是她的、是她買的！」

這對未婚夫妻在公堂上大聲咆哮，各說各話，絲毫不妥協、不讓步，所以讓法官傷透腦筋。最後，法官下令，在尚未確定「誰是誰非」之前，發行彩券單位暫時不准發出這筆獎金！而兩位原本馬上要結婚的「佳偶」，因爭奪獎券的歸屬而變成「怨偶」，雙方也決定「取消婚約」。

日前，在台灣有一公務員，中了公益彩券，一人獨得四點八億元，扣稅後實得三點八四億元，得主看到國外樂透得主最後下場都不好，一度不想領獎，遲了五十五天才與丈夫一同出面領獎。

真正的財富是什麼？得獎是好事？壞事？因價值觀不同，有人為錢翻臉、取消婚約，有人可以全家和樂同享財富。為人處世，觀念及言行實在不可不慎！

心戰

春秋時，齊國與魯國交戰，齊國開始時氣勢甚高，擊鼓出征，但魯國卻緩不行動，等到齊國敲過三通鼓後，魯國才戰鼓一響，激起士兵高昂士氣，打得齊軍落荒而逃。

這是戰爭中的心戰，齊軍擊第一通鼓時，士氣最旺盛，第二通鼓響，士氣稍退，等到第三通鼓響，應戰的勇氣就已消失殆盡。可是魯國才擊第一通鼓，士氣大振自然擊退敵軍。

類似的心理戰，經常運用在戰術上，北韓有個戰俘營，那裡的士兵沒有鐵絲網圍住，也沒有荷槍衛兵看守，卻沒有一個士兵逃脫，且死亡率極高。後來才發現，士兵們都得了一種病，叫做「消極病」。

戰俘營裡運用的心理戰是提供香菸作獎賞，鼓勵他們告密，以此破壞彼此間的信任，並切斷士兵對領導者及國家的忠誠。如果家人來信，若是好消息絕對封鎖，若是親人去世、妻子改嫁等就會立刻交給士兵，讓他們處於絕對的失望中，不需要敵人，自然就沒有求生意志。

多數人不曾經歷過戰俘營的遭遇，但日常生活中，我們卻常囚困在負面想法裡，讓自己處於失望與絕望，這比外在的打擊、挫折更令人消磨心志。遇到困境時轉換想法，才不會被困住。被責罵時，要視為激勵；被欺騙時，要想是教我誠實；生病時，則思惟人生無常應及時行善。凡是多往好處想，讓自己處於最好的狀態，自然「生」意盎然。

莫為生氣而活

兩個大人吵架，女人挑釁的向同居罵道：「有種就把孩子丟到鍋裡去。」對方怒火攻心，把十個月大的女娃丟到滾燙的鍋中。小孩沒了，大人被判無期徒刑，口出惡言的人，怕也終生被囚在自責的陰影裡。

一位女子平時趾高氣昂，未婚夫為了以後美好的日子，既忍耐又辛苦的工作、努力存款。但因客戶的企畫案急著要完成，以致延誤了千禧年的倒數。女子大怒，無法安撫，男子只好開車出去避風頭，居然車禍喪命。遺物中見到一封信，是出去時隨手寫的；信中告訴她，他有多愛她，他不是故意讓她生氣，他準備賺到一百萬後就結婚，現在已有九十八萬了。女子看到這封信，悲慟難當幾乎崩潰，但已遲了。

兩人結合是因情投意合，不能稍有爭執就生氣。生兒育女為了傳承，若有所頂撞不要隨之生氣。

上班工作是為了學習和賺取薪水，不要因壓力就自我生氣而跳樓。旅遊是為散心和增長見聞，不要為有所不順就生氣。

讀書考試是為了成長，不能為壓力而生氣；買房、買車、買衣服、上館子都是要讓自己快樂，沒有必要因不隨己意就生氣。

注重細節

藝術家米開朗基羅無論雕刻或繪畫，速度都很慢，總是花許多時間沉思、推敲、琢磨，力求作品完美。有一次朋友來訪，見他正為一尊雕像做最後的修飾，過了一段日子，友人再訪，他仍在修飾那尊雕像。

友人嘲笑他說：「我看你的工作一點都沒有進展，你動作太慢了。」

米開朗基羅答道：「我花許多時間在整修雕像，例如：讓眼睛更有神、膚色更亮麗、某部分肌肉更有力等。」

友人：「這些都只是一些小細節啊！」

米開朗基羅：「沒錯！這些都是小細節，不過把所有小細節都處理妥當，雕像就變得完美了。」

所謂細節也是關鍵，米開朗基羅的成就，除了技藝好，更懂得注意小細節，我們若能學他求好的精神，無論做學問、做事、研究、簽約等，處處多注意一些小細節，不僅可以保障自己的權益，也不會因自己的疏忽帶給他人麻煩，既能帶來安心，也能贏得好評。

平常注意小細節的人代表他的心思細微、慈悲、沉穩、有涵養，也代表一個人的品德高尚。這種人不但人緣好，受人尊敬，也較容易成功。

反觀有些人因為不注重細節，讓主管產生不好印象，錯失升遷良機，或沒考上理想學校。可見注重細節的人，較細心，觀察入微，不但對考試、工作、寫文章或做人處世等，都是關係到成敗得失的重要「關鍵」。

牆外開花牆內香

台東賣菜婦人陳樹菊，省吃儉用，多年來捐了上千萬元幫助弱勢，獲得美國時代雜誌選出百大人物；也獲富比世選為善人排行榜英雄，風風光光受邀赴美領獎，由國外轟動到國內。

歌手「小胖」林育群，榮登美國脫口秀舞台「一鳴驚人」，已成「台灣之光」最新代表。林育群沉穩自信，有「大將之風」唱歌時全然投入，打動人心，

「小胖」也是由國外紅回國內。

社會觀察家把這兩位「台灣之光」形容為「牆外開花牆內香」意指他們的美行善舉，國外表揚，國內才重視。言下之意，台灣未能「慧眼識英雄」。

「牆外開花牆內香」也可作不同詮釋，比如在屋外種花，也讓屋內的人浸淫花香。也可比喻一個人出外努力奮鬥，有了成就不但光耀門楣，還可回饋家鄉。

早年社會貧窮，許多人外出打拚，養家餬口，夜以繼日，流血流汗，終於闖出一片天，名利雙收，族人同享。

許多僑胞也是如此，他們全球跑透透，找到安身立命之地，發揮華人吃苦耐勞精神，發奮圖強，成了行業翹楚，揚名立萬，他們造橋鋪路，建寺廟立道場，回饋鄉梓。這都是「牆外開花牆內香」的典型。

「牆外開花牆內香」沒有什麼不好，只是看你如何詮釋。你想「牆外開花牆內香」嗎？加油！

犬救火災

清朝康熙年間，浙江省桐城鄉烏鎮有一戶人家，畜養一隻狗，主人發現狗每天晚上必定涉水，到河的南方一戶人家守夜。一天主人很生氣的責備狗：「我飼養你，而你竟為別人家守夜，明天我必定會將你賣給屠夫。」當天晚上，主人夢見狗在夢中對他說：「我因積欠那戶人家債務，為了還債，才每天前往守夜，到今天為止尚欠十三文錢，等我守夜償完了債就不再渡河了，到時候必定會報答主人的大恩大德。」

次日早晨主人喚狗到面前，以十三文錢繫在狗的頸子上說：「昨夜夢見你對我說的話，你今天就把這些錢還了吧！這樣也可以免去涉水往返的辛苦。」狗似乎聽懂主人的吩咐，頷首銜著錢將錢丟擲債主家後，從此就不再外出守夜了。

過了不久，主人出外探視女兒，深夜喝醉酒歸來，失足掉落魚池，狗兒將主人拖上岸邊，再跑回家以頭撞門找救兵，救回了主人。又過數月，家中不慎著火，舉家熟睡，狗又以頭撞門且不斷狂吠，全家驚醒而躲過一劫。主人因此更加善待牠。

當人生命終了的那一刻，即使再多的錢財，再高的地位，也無法買得一分鐘的生命。生命是如此可貴，當動物被抓到的時候，知道要被屠殺，那種痛苦，從牠表情上能看到，垂頭喪氣，面流眼淚，那種可憐的狀態，與人有什麼兩樣？

平常用很少的錢財，就能免除動物被殺的恐怖，能愛護動物放牠一條生路，就是為自己種下身心安穩、免於恐懼的善因。

放下！放下！

有一名登山者，辛苦地跋山涉水，途中經過了很多懸崖峭壁，結果一不小心從懸崖失足跌下。幸好他一手攀住了山腰上的一棵小樹，才沒有掉進萬丈深淵裡。在這種生死存亡的關頭，他不禁大聲地呼叫：「佛祖啊！佛祖啊！趕快救救我啊！」

就在這個時候，懸崖上忽然出現一個人對他說：「我就是佛祖，我很想救你，不過就怕你不肯合作，不願意聽我的話。」

登山者連忙說：「只要佛祖肯救我，不管您說什麼，我當然都聽你的！」

佛祖於是指示他說：「現在，請你把手放開。」

登山者大吃一驚，說：「放手？那我豈不跌入萬丈深淵，粉身碎骨？」

登山者驚恐萬分，再加用力地抓緊樹枝，不肯鬆手。

佛祖無奈地說：「你不放手，那我怎麼救你呢？」

想要明心見性，就得依從佛法的指示，若是一味地執著，又怎麼能脫離身陷世間五欲的危境呢？許多人總是放不下與自己有關的種種，諸如家庭、妻子、兒女、事業、財富等等，其實，這一切都是會無常變化的。尤其當大限來時，什麼都帶不走，執著也沒有用。這些心上的重擔如果放不下的話，人生自然就很辛苦。然而，放下不等於是放棄，放下是以佛法去重新認識這個世間，了知世事終歸不免於無常變遷，那麼即使身處在五欲洪流中，也不會被欲望束縛，或是被名利枷鎖。能放下，就能找到身心的安穩處，隨心自在。

大地皆藥

有一天，文殊菩薩吩咐善財童子出外去採藥草，可是卻特別叮嚀他說：「不是藥草的才採回來。」善財童子來到山林裡，放眼看去，青山綠水令人心曠神怡，清泉野果可以解渴療飢，各種花草樹木各有功效，可說無一不是藥。一時之間，善財童子不曉得該採擷些什麼，只好空手而回。

善財童子回去之後，向文殊菩薩回報說：「菩薩！山上遍野望去，沒有一種草木不能當藥，請問您要我採那一種藥草呢？」

文殊菩薩微笑說：「既然遍地是藥，那麼你將是藥草的，給我採回來吧！」

善財童子便出去隨手採了一株野草回來，交給了文殊菩薩。

只見文殊菩薩高舉著這株草，對眾人開示說：「這株藥草，可以殺人，也可以救人！」

盡大地是藥，用之得當，可以活人；用之不當，則害人性命，就看你是否懂得運用它的特性。所謂「天生我材必有用」，世間萬物都有其特定存在的價值，只要能認識眾生萬物本具的本性，將其安置於適合之處，就能發揮所長，各得其所。

同樣地，世間一切處、一切法，無一不是佛法，無一不是應病之藥。但是要有正知正見，否則就會曲解了佛法，就如誤用了藥草一樣。所謂「正人說邪法，邪法也成正法；邪人說正法，正法也成邪法。」是佛法的有時候不是佛法，不是佛法的有時候卻是佛法，只要心裡有慈悲有智慧，一切法皆可是佛法的運用。

善始者不必善終

戰國時，燕國大將樂毅輔佐燕昭王，率領趙、楚、韓、魏、燕五國聯軍，聯手討伐殘暴不仁的齊湣王，半年內連陷齊國七十餘城，一時威名顯赫。然而面對齊國僅餘的莒城和即墨，樂毅卻圍堵三年而苦攻不下，這時有人向燕昭王進讒，說樂毅故意拖延戰局，是要自立為齊王。燕昭王卻明白表示，樂毅功高，的確堪為齊王，並派使者到臨淄正式封冊。樂毅對此十分感激，而堅拒受封。

然而君臣互信的好景不常，燕昭王死後，繼位的燕惠王心量、眼界都不如其父，又曾與樂毅有嫌隙。齊國乘機用反間計，再次炒作樂毅想自立為齊王的謠言，這次燕惠王信以為真，下令召回樂毅，樂毅便直接投靠趙國。

趙惠文王喜獲樂毅這位人才，馬上給予以重用，燕國大軍卻在新任將軍騎劫的盲目指揮下，兵敗如山倒，齊國得以復國。

又惱又怒的燕惠王，派人送了一封信到趙國給樂毅，指責他自私自利，辜負燕昭王當年對他的知遇之恩。樂毅也毫不客氣，回了一封名垂後世的〈報燕惠王書〉，既列出自己對燕國的貢獻，也申明不願像吳國的伍子胥那般愚忠，死守昏君而屈死，提出「善作者不必善成，善始者不必善終」。

從因緣法來看，凡事從肇始、發展到結局，種種因緣時刻會產生變化，此謂無常。明瞭自己的職責、能力所在，當作而作，當退便退，善始的確不必執意於善終。

非自家珍

曹山光慧禪師（又稱荷玉光慧禪師），是唐朝時候的僧人，為曹山本寂禪師的法嗣。曹山光慧禪師最初駐錫於龍泉，後來在撫州荷玉山（曹山）弘揚大法。

某天，有一位學僧來到曹山光慧禪師處參學，學僧一看到曹山光慧禪師就說：「我帶著一塊自家本具的寶貴璞玉，特地來親近禪師。」

曹山光慧禪師聞言，仔細地看了看學僧，然後不以為然地嘆了一口氣，說「如果說是能夠讓你帶來帶去的東西，就不是你本具的，那談得上什麼珍貴呀！」

學僧聽了羞愧不已，當下恭敬地頂禮，然後說：「那麼請禪師慈悲開示，什麼才是自家珍寶呢？」

曹山光慧禪師語重心長地說：「玉不琢，不成器呀！」

這裡所指的「璞玉」，就是我們人人本具的佛性。佛性的顯露，就如同璞玉必須經過一番雕琢，才能將粗糙的雜質、凹凸不平的外表去除，成為一塊真正的美玉。而吾人也必須要經過修行，將煩惱執著去除之後，才能顯現我們清淨的自家本性。

學僧自認為已帶著本自具足的佛性（璞玉）來參學，但是沒有經過修行與參究，佛性如何顯露？所以曹山光慧禪師才以「非自家珍」來駁斥學僧。

發心學道，不必求沒有障礙，如果沒有一點障礙、干擾及困難，就像璞玉沒有經過雕琢，唯有歷經生活上的磨練、心地上的耕耘，我們的真心本性，才能顯發光芒。

石火電光

唐州的保壽匡祐禪師是五代時候的僧人，為白兆山懷楚禪師的法嗣。

某天，有一位學僧問保壽匡祐禪師說：「請問禪師，如何是佛法大意呢？」

保壽匡祐禪師向學僧揮手示意，說道：「走上前來，走上前來。」

學僧依言走上前去，站在禪師面前。

然後，保壽匡祐禪師就和藹地問他：「你懂了嗎？」

學僧疑惑地回答說：「學人不懂。」

保壽匡祐禪師聞學僧之言，不禁搖頭嘆氣說：「石火電光的剎那，就已經度過無量無邊劫的時間了！」

學僧不解，於是改口問說：「那怎麼樣稱為是『人』呢？」

保壽匡祐禪師答說：「開口入耳。」

學僧依然茫然無知，小心翼翼地探問：「請問老師，這要怎麼解釋才好？」

保壽匡祐禪師小聲地說：「逢人告人。」意思是反問學僧，難道他逢人就請人幫忙嗎？言下之意，自己本有的東西，怎麼逢人就請幫忙呢？

保壽匡祐禪師以「走上前來」開示學僧：佛法就在當下，學僧若能會得，就能體悟什麼是佛法大意。

體悟真理，如果都要他人開口入耳，又怎麼與禪心的無為相契呢？其實，無處不是般若，可惜凡夫執相外求，所以慧眼不開。石火電光，雖是極短的時間，然而悟道卻是當下的、即時的、迅速的、直接的，正如石火電光一般，就是當下那一刻，一下就悟了，不容思慮，不容猶豫，假若還分別猶豫，那便不是禪悟了。

空的哲理

永明道潛禪師到法眼文益禪師處參學，法眼文益禪師問他說：「你平常除了參禪以外，還研究什麼經典？」

永明道潛禪師回答說：「《華嚴經》。」

法眼文益禪師接著說：「那麼我問你，《華嚴經》所說的總、別、同、異、成、壞六相，是屬於那一門？」

永明道潛禪師很有自信地回答說：「這是出自〈十地品〉，據此來說，世間法及出世間法等一切法，都具有這六相。」

法眼文益禪師聞言哈哈一笑，說：「空，也具有六相嗎？」

永明道潛禪師不禁為之語塞。「換你來問我，我告訴你答案。」法眼文益禪師說。

「請問禪師，空有六相嗎？」法眼文益禪師就大喝一聲：「空！」

永明道潛禪師因此開悟了，他合掌禮謝法眼文益禪師。

「你悟到了什麼？」

永明道潛禪師答說：「空！」

法眼文益禪師點頭讚許。

從《華嚴經・十地品》對「六相」的詮釋，可以增進吾人對緣起法的了解，但這只是一個方便法門，因為「六相」不過是一個假名的施設。法眼禪師擔心道潛落入概念的陷阱，因此以「空具有六相否？」來點撥他，接著再以簡潔有力的一個「空」字，讓道潛終於真正體悟到什麼是空，而不再只是名相上的認識。

佛教所說的「空」，是要空去一切有無對待，空去一切差別觀念，最後連「空」的概念也要空去，這才是對空真的了解。

大圓鏡

懷岳達空禪師是唐代的僧人，為雲居道膺禪師的法嗣。

某天，有一位學僧來到江西永修的雲居山，向懷岳達空禪師參問。

學僧問懷岳達空禪師說：「禪師，請問什麼是大圓鏡呢？」

懷岳達空禪師只是簡短地回答說：「不鑑照！」

學僧緊接著又追問：「忽遇四面八方同時而來，怎麼辨呢？」

懷岳達空禪師答說：「胡來胡現，漢來漢現！」

學僧聽了，很不服氣地反問說：「好個不鑑照！禪師剛剛才講不鑑照，現在卻說胡來胡現，漢來漢現，這又是怎麼個不鑑照法？」

懷岳達空禪師不答，只是提起柱杖直接朝著學僧一棒打過去。

「大圓鏡」意指大圓鏡智，是指清淨圓滿、可如實映現一切法的佛智，也就是每個人所具有的真如佛性。這真如佛性，清淨無染，猶如明亮的大圓鏡，可映現一切的形像、因緣、過去、未來，可說無所不知，照而不照。學僧不明白大圓鏡具有照而不照的不鑑照功能，還反諷說「好個不鑑照！」對於這種逞口舌之快的學僧，禪師只好給他狠狠地棒喝。

一般人大都以分別心來處理人我之間的問題，所以心就時常在得失、好壞、榮辱、善惡之間，徘徊不定，甚至產生種種的比較計較，可說無有一刻的安寧。修道，就是在修一顆無分別心，這樣的心就如同是一面大圓鏡，物來即映，了無遮礙，洞然明白。吾人若能以照心的鏡子，時時鑑照自己的心念，那麼就不會輕易被世間的妄相所牽動、所影響了。

點金成鐵

五代的時候，有一位來自高麗的真覺靈照禪師，他在中國的福建及浙江一帶雲遊行腳，後來向雪峰義存禪師參禮，最後承嗣了他的禪法。

某天，有一位學僧向真覺靈照禪師說：「有人說，道家煉丹一粒，能點石成金；先賢至理一言，能點凡成聖。請求禪師也慈悲點化學人一句吧？」

真覺靈照禪師看了看學僧，然後反問：「你難道不知道在我弘化的地方，我都是點金成鐵的嗎？」

學僧聽了大感疑惑，不禁問說：「學人未曾聽說有『點金成鐵』之事，乞求禪師垂示一句至理名言，令學人能早日轉凡成聖。」

真覺靈照禪師聞言，不禁皺眉喝斥學僧說：「我都已經告訴你了，你若不能會意，可就後悔莫及！」

真覺靈照禪師不說「點鐵成金」，反而強調「點金成鐵」，主要是為了破除學僧的分別心。學僧認為鐵不好，金才好；凡夫不好，成聖才好，有了這樣的分別執著，只是徒增我執、法執罷了。

在禪者的眼中，世間的萬象是平等一如的，並沒有所謂聖凡、善惡、美醜、高下、貴賤的分別，所以不論是點金成鐵，或是點鐵成金，其意義是平等的。禪者對世間的種種相，看得清清楚楚，可是不起貪愛執著，因為無所求，所以能自在無礙。

一般人往往貪多、貪好、貪快……卻不知世間事是有限、有量、有窮、有盡的，根本無法滿足一顆貪求的心。所以，如果能有禪心的單純、簡樸、平實，以無為有，以空為樂，反而能享有無限、無量、無窮、無盡的世界。

曬香菇

日本曹洞宗之祖永平道元禪師，他曾經在宋朝的時候來到中國參學。當時，浙江的天童寺裡，住著一位八十多歲，彎腰駝背的老和尚。

這一天，老和尚正在大太陽底下曬香菇，永平道元禪師剛巧經過看到了，永平道元禪師很不忍心地對老和尚說：「長老，您年紀這麼大了，應該不必再做這種吃力、辛苦的工作，可以找別人來做吧！」

老和尚頭也不抬，只是簡潔地回永平道元禪師，說：「別人不是我！」

永平道元禪師仍然對著老和尚繼續勸說：「話是不錯，可是也不必專挑這種大太陽的中午來曬香菇呀！」

老和尚聽到永平道元禪師的這番話後，終於站起身來，瞪著眼前的年輕人，反問說：「大太陽時不曬，難道要等到下雨天才來曬香菇嗎？」

老和尚的回答簡短有力，可說是發人深省的悟道禪語，顯示出禪就在生活中，連曬香菇都有禪心的樸實。禪師們不是天天都坐在蒲團上閉目打坐，舉凡生活中的穿衣、吃飯、搬柴、運水等一切事情，樣樣都不假手他人，自己親力親為，也毋須等到明天，因為當下即是。禪者便是從這些日常的勞動服務裡去認識自己，去體會禪的甚深意境。

天童寺裡的老和尚所說的「別人不是我」、「現在不做，更待何時」，說明了修行是他人不能代替的，以及修行就在當下，老和尚的這兩句話，值得現代人細細參究。

風姿道貌

有一天，洞山良价禪師向雲巖曇晟禪師辭行，準備往他處去。臨行前，洞山良价禪師忽然向雲巖曇晟禪師請示說：「老師，您老人家百年以後，如果有人忽然向我問起，老師您的風姿道貌如何，請問我應該怎麼回答才好呢？」

雲巖曇晟禪師沉默良久才說：「只這是！」

聽到雲巖曇晟禪師這樣的回答，洞山良价禪師只是沉吟不語，難以領悟師意。

雲巖曇晟禪師於是又對洞山良价禪師說：「你要承當啊！務須審慎仔細。」

洞山良价禪師不解雲巖曇晟禪師為何如此提示他，用意到底在那？有一次，洞山良价禪師在過河時，看見水中自己的倒影，這才豁然醒悟雲巖曇晟禪師的話，當下便作了一首詩偈：「切忌從他覓，迢迢與我疏；我今獨自往，處處得逢渠。

渠今正是我，我今不是渠；應須恁麼會，方得契如如。」

雲巖曇晟禪師的風姿道貌，他的禪法精神究竟是如何？既不在無量阿僧祇劫以後，也不在什麼三千大千世界之內，既不在那時，也不在別處，而是當下自己能直下承擔，自我肯定，這便是繼承了他的禪法。

一個修行者百年後，他的風姿道貌，假如可以形容，可以說明的話，這一定是假相假貌了。一個修道者的風姿道貌，不從他覓，不假形相；不在別處，不在那時，所以超越一切時空，因為法身是無相的，等如虛空。

那虛空又是什麼樣子的？答案是沒有樣子！虛空無相，無所不相。若想要知道雲巖曇晟禪師或任何一位聖賢的道貌，只有離相，才能夠真正認識啊！

誰在見性

浙江天台山的雲居智禪師，是唐朝末年時候的牛頭宗僧人，為佛窟惟則禪師之法嗣。

有一天，學僧繼宗問雲居智禪師說：「請問禪師，什麼是『見性成佛』呢？」

雲居智禪師解釋說：「佛性本自清淨，不會因環境而改變，沒有淨穢、有無、長短或取捨的分別，自然天成。能夠如是洞然明白，就是見性。性即佛，佛即性，故說見性成佛。」

繼宗又問：「佛性既然是清淨的，不屬於有或無，為什麼還要強調『見』性呢？」

雲居智禪師回答說：「那只是勉強說見，其實是無所見。」

繼宗又再探問說：「既然是無所見，那麼要見什麼？」

雲居智禪師答說：「就算是見處之時，也無所見。」

繼宗思索了一會兒，再問說：「那麼如果見時，是誰在見呢？」

雲居智禪師說：「根本沒有一個能見者！」

繼宗更加迷惑不解：「禪師，這究竟是什麼道理？」

雲居智禪師大喝說：「一切所謂的有，皆是因妄想執著而有，所以才有種種迷惑。你執著於有個『誰』、有個『見』，就離道越來越遠了！一旦起了執著，就有能見、所見的分別心，這樣怎麼能夠見性呢？」

見性，就是找回我們的本來面目。一個見性的人，與凡夫同樣都有見聞覺知，但卻能夠見無所見，不受外境所染，不被境界所迷，所以他能夠了知諸法的實相，對宇宙萬物平等一如，超越一切的分別對待，安住在如如不動的佛性中。只是要如何見性？這得問自己，因為這是別人無法代替的。

一室六窗

有一天，仰山慧寂禪師請示中邑洪恩禪師說：「為什麼我們不能很快地認識自己的本來面目？」

洪恩禪師回答：「我向你說個譬喻吧！例如在一間有六個窗戶的房子裡，有一隻蹦跳不停的獼猴，窗外有獼猴從東邊的窗子向室內叫喚它，室內的獼猴也立即回應。如是六窗，俱喚俱應。」

仰山知道洪恩禪師的意思是說：吾人內在的眼、耳、鼻、舌、身、意六識，追逐外境的色、聲、香、味、觸、法六塵，鼓躁繁動，彼此糾纏不息，因此才不能很快地認識自己。

仰山於是起身禮謝：「適蒙和尚以譬喻開示，無不了知。現在學人想請教：如果內在的獼猴睡著了，外面的獼猴欲與之相見，那麼又該如何？」

洪恩禪師於是走下繩床，拉著仰山禪師手舞足蹈地說：「獮猴與你相見了！好比在田地裡，為了防止鳥雀偷吃禾苗稻穗，就立一個稻草假人。所謂『猶如木人看花鳥，何妨萬物假圍繞？』」

仰山終於言下契入。

吾人為什麼不能認識自己？主要是因為真心久被塵勞封鎖。由於真心被六塵蓋覆，妄心反而成為自己的主人，時時刻刻攀緣外境，心猿意馬，不肯休息。人的身體猶如一座村莊，當主人被幽囚，村莊被六個強盜土匪（六識）所佔據，六識就在村莊裡興風作浪，追逐六塵。人體的村莊不就如一室六窗，六識六塵進進出出，怎麼安寧，怎能平靜？

禪，就是要我們把塵勞放下，不再以六識去分別，而用真心來看待世間，才能超越世俗的紛擾罣礙。

兩個巴掌

某天，有一位學僧詢問投子大同禪師：「經典上說，世間一切的音聲都是佛，請問真是這樣嗎？」

投子大同禪師回答說：「當然是如此。」

學僧一聽投子大同禪師說出這麼肯定的答案，又緊接著追問說：「那麼，大便時候所發出的聲音以及放屁的聲響，這些也是佛聲嗎？」

只見投子大同禪師忽然上前，毫無預警的打了學僧一個巴掌，然後就沉默不語。

學僧嚇了一大跳，摸了摸臉頰，不死心地又繼續問說：「請教禪師，經典上又說，粗暴的語言以及善言軟語，都與佛法的真實義不相背離，都可以歸入佛法的第一義，這也是真的嗎？」

投子大同禪師點點頭，說：「是如此！」

學僧馬上接著說：「既然如此，學人就可以稱禪師您是一頭驢了！」

投子大同禪師沒有答話，只是又迅速的再往學僧臉上打了第二個巴掌。

學僧以「一切聲皆是佛聲？」及「粗語及軟語，皆歸第一義？」二個提問，請投子大同禪師回答，而禪師的一句「是如此！」表明法爾如是，禪悟不假外求，但學僧卻故意以不恭敬的舉例來詮釋經文的意思，並以之反詰禪師，這對一個佛法的初學者來說，不是正確的求法態度。

因為就一個尚未契悟禪道的初學者而言，佛法要在恭敬中求，這才是正確的求法心態，所以，難怪學僧會受到投子大同禪師先後兩個巴掌的犍椎。況且，禪超乎事相言語，豈是玩弄幾句花俏的口舌辯論，就可以悟得禪的真義呢？

咬不到空

佛陀時代有位優婆先那尊者，有一天在山洞中禪坐時，忽然大聲呼喊對面岩窟中的舍利弗尊者，請他趕快過來。

當舍利弗來到面前時，優婆先那便說：「我剛才坐禪時，被毒蛇咬了一口，我很快就會毒發死去，請您慈悲，為我召集鄰近的大眾，我要向他們告別。」

舍利弗看優婆先那臉色如常，不禁疑惑地問：「我看你什麼事也沒啊！」

優婆先那安詳平靜地說：「舍利弗尊者，人的身體是四大五蘊所集成的，人自己不能主宰，本來就是無常的，既然是因緣所聚便曰空，也就是空無自性，我是體悟到這個道理，所以毒蛇只可以咬我的色身，怎麼能咬真理的空性？」

舍利弗非常讚賞優婆先那的禪定修養，他說：「你說得很對，你確實是已經得到解脫的聖者。肉體縱然有痛苦，但可用慧解來支持自己不變的真心。」

禪者修道調心，面對肉體的死亡，就像拔去毒針，又像重病得癒。死，死的是色身，不是真我的生命。臨死不驚，生死不二，這是智慧的眼光。看清世相，出離火宅，跳出苦海，生滅實在有著無限之美！

人在生死煩惱中，有恐怖、有顛倒，但如果證悟到禪觀，契入到空慧，就能進入不懼不貪的境界了。如優婆先那所說，毒蛇可以咬傷色身，怎能咬到空慧禪觀呢？

聖者所以生活在真善美的世界裡，並不是離開這個娑婆世界，到另外一個淨土，而是空慧禪觀一轉，剎那即轉為永恆，污穢即轉為清淨，煩惱即轉為菩提，生死即轉為涅槃。

一親一疏

夾山善會禪師和定山神英禪師邊走邊談論法義。

定山禪師說：「人在生死流轉中，若能時時體會世間一切都是虛妄，連佛性也不執著，就能超越生死。」

夾山不甘示弱，也表示自己的見地：「人在生死流轉中，若能當下看見自己的佛性，就不會被生死所迷惑，就能超越生死。」

後來兩人一起上大梅山拜見大梅法常禪師，並各自陳述自己的見解。夾山問大梅法常禪師：「我們兩個人的見解，不知道誰的論點才對？」

「一親一疏。」意思是一個說得比較對，另一個說得比較差。

夾山問：「是那一個人比較對呢？」

大梅法常禪師回答：「你們先回去吧！明天再說。」

第二天一大早，夾山禪師又去追問大梅法常禪師：「到底那一個人的論點比較對？」

大梅法常禪師大喝說：「對的人不會來問，來問的人就是不對。」一問是非、對錯當下便落入二元對立了。

禪是超越兩邊，不立不廢，直指人心的法門。夾山認為超越生死，必須心中有佛，定山認為解脫生死，連「佛」的概念都要空除。一有一無的說法，就好比說「只剩半杯水」和說「還有半杯水」，只是觀點不同而已。

夾山不明白，非要問個對與錯，於是落入了言語、思想的分別，難怪大梅法常禪師要呵斥他不對了。禪一問是非對錯，當下便落入二元對立，因此，學禪者如果還執著於好壞、是非、對錯、大小種種差別相，就會與禪心相違，背道而馳。

佛法無二般

有一天，大文學家韓愈前去參訪大顛寶通禪師。

韓愈問：「禪師今年春秋多少了？」

大顛禪師提起手中的念珠，問：「會嗎？」

韓愈不是參禪的人，不懂這樣的機鋒話頭，所以也很老實的回答：「不會。」

大顛禪師就補上一句：「晝夜一百八。」

韓愈不知其意，無法與大顛禪師再繼續對談，只得告辭回去。回去之後，心裡越想越放不下，為什麼自己對一個和尚的問話，竟然會聽不懂？於是第二天又到大顛禪師的寺院拜訪。

韓愈在寺院前遇見了首座和尚，便請示首座，昨天與大顛禪師的對話，禪師的意旨究竟是什麼。

首座聽完後，便扣齒三下，韓愈更是茫然不解。

韓愈到法堂見大顛禪師，再問：「晝夜一百八，意旨如何？」

大顛禪師也扣齒三下。

韓愈忽然像是明白了什麼，說：「原來佛法無二般，都是一樣的。」

後來，韓愈便皈依了大顛禪師，執弟子禮。

韓愈問禪師春秋有多少，是立足於常識經驗，對時間做一番的計算；事實上，在無限的時間、無邊的空間裡，生命始終不斷的輪迴，無始無終，那裡可以計算多少呢？對佛弟子來說，春秋多少的答案，就在日日精進數念的一百零八顆念珠中，不在於凡夫所認知的八歲或八十歲。

扣齒三下，表示在無盡的生命中，我們不應只逞口舌之能，除了語言、文字外，我們應該實際去體證佛法，認識自己本來面目，尋找三千大千世界中永恆的存在，尋找我們自己心裡的禪。

一根布毛無所不包無所不在

鳥窠道林禪師的侍者會通禪師，本名吳元卿，相貌端正莊嚴，幼年即十分聰慧敏捷。唐德宗時，在皇宮內當官。有一年春天，宮中百花齊放，吳元卿見此美景，流連忘返，忽然聽到空中有聲：「此為虛妄之相，開謝不停，能壞善根。」心中因而萌生了出家之志，於是在二十二歲那年，他數次向皇帝請求辭官，皇帝最後才勉強答應。後來，他便在鳥窠禪師座下披剃出家，法名會通。

會通禪師出家後相當精進，時常誦持大乘經典，並修習禪定，可是始終無開悟。有一天，會通突然向鳥窠禪師辭別，禪師就問他：「你要去哪裡？」

會通回答：「我是為法出家，但是和尚並沒有為我說法，所以我想四處參訪，尋求佛法。」

鳥窠禪師說：「若論佛法，我這裡也有少許。」

會通問：「什麼是和尚的佛法？」

只見鳥窠禪師從衣服上拈起一根布毛，輕吹了一下，會通當下廓然大悟，繼續隨侍在鳥窠禪師身邊二十年，人稱「布毛侍者」。

會通禪師因「一根布毛」而領悟到：佛法遍一切法界剎塵，它是無所不包，無所不在的，而禪與生活則密不可分，假若脫離了人間，離開了生活，就沒有佛法可言。一般人往往忽略了近在身邊的佛法，反而千里迢迢向外去求法，因此鳥窠禪師以「若論佛法，我這裡也有少許」來點醒會通。

雖是平凡的一根布毛，可是在悟道者眼裡，卻蘊含著重重無盡的因緣妙諦，布毛裡有禪意，吃飯睡覺裡亦有解脫大道，就看吾人能否會意？

一休思戀

日本的一休宗純禪師是日本室町時代臨濟宗的僧人，同時也是著名的詩人、書法家和畫家。

他是個極具機智妙用的禪師，凡是所到之處，總是讓人感受到法喜。可是，有一陣子大家忽然發現，一休宗純禪師不知怎麼搞的，成天精神恍惚，於是有人關心的問他原因。

只見一休宗純禪師愁眉苦臉地回答說：「唉，我在想念一個人呀！」此話一傳開，寺裡大眾莫不議論紛紛。「難道一休宗純禪師是在單戀嗎？」大家開始你一句、我一句猜測，能讓一休宗純禪師思戀的人究竟是誰。

最後，連住持都忍不住問一休宗純禪師：「你究竟在想念那一個人？如果你真的愛上了那一家的小姐，罷了！罷了！你還俗好了，也免得天天愁眉苦臉！」

一休宗純禪師說：「我想念的人，你找不到的。」

住持說：「你說吧，我一定找得到！」

一休宗純禪師仍然搖搖頭，憂愁地說：「你找不到！」

住持肯定地說：「找得到！」

一休宗純禪師被問得沒辦法，於是說了一首偈語：「本來面目初現前，雖然只是一面緣；念念不忘難於下，釋迦達摩本一人。」

一休宗純禪師這首偈語的意思是：「我剛剛體悟到自己的心，才認識他，怎知他卻立刻不見了蹤影；我念念不忘地參究，無非就是要找回那個擁有本來面目的人，本來的心。」原來，一休宗純禪師不是在思戀某一個人，而是在尋找不會為煩惱所染污的自家本地風光！

一般人只知向心外去追求，反而忽略了真正俎得念茲在茲的，正是我們內心清淨的寶藏啊！

宜默不宜喧

靈樹院是雲門文偃禪師駐錫的道場，每年總在四月十六日至七月十五日舉行「夏安居」，集合佛門弟子安居一處精進修道。

五代時，由於後漢君主信佛虔誠，有一年特別禮請雲門禪師和寺內僧眾，到皇宮內內院舉行夏安居。

諸位法師在宮內接受宮女們的禮敬問法，可說是川流不息，熱鬧非凡，尤其後漢君主虔誠重法，每天的禪修講座必定參與。僧眾們幾乎個個都喜歡和太監、宮女們說法，唯有雲門禪師一人，不管任何時刻，他都靜坐在一旁參禪打坐，宮女們看了也都不敢來親近、請示。

有一位值殿的官員，看到總是無人向雲門禪師請法，就向雲門禪師請示法要，可是雲門禪師還是靜靜地不發一辭，值殿官員不但不以為忤，反而對禪師更加尊敬，於是在皇宮內院的碧玉殿前貼了一首詩：「大智修行始是禪，禪門宜默不宜喧，萬般巧說爭如實，輸卻雲門總不言。」

所謂「沉默是金」、「一默一聲雷」。禪門的高僧，一向如閒雲野鶴，或居山林，或住水邊，三衣一缽，隨緣生活，隨處而安，任性逍遙，到處道。即使法緣殊勝，這許多禪師到了王宮府邸，亦不為名動，不為利誘，不為權惑。如雲門禪師者，雖然是一句話不說，實則有如雷轟頂之開示；在一默裡，說盡了佛法。

吾人能在沉默裡體會出千言萬語，就可以說已經參透到一點禪的消息了。有用的話只要一言，甚至無言；沒有用的話，千言萬語又有什麼用？

善惡一心

有一天，四祖道信禪師到牛頭山訪問法融禪師，看到法融禪師旁若無人地端坐參禪，也不舉目看他一眼，道信禪師只好走向前問：「你在這裡做什麼？」

法融禪師聽到有人問話，勉強回答：「觀心。」

道信禪師問：「觀是何人？心是何物？」

法融禪師答不出來，便起座向道信禪師頂禮，並禮貌地問：「大德高棲何所？」

道信禪師回說：「貧道不決所止，或東或西。」

「那麼您認識當代禪宗四祖道信禪師嗎？」

「你問他作什麼？」

法融禪師解釋自己對四祖嚮往已久，希望有一天可以見面請益。

「我就是道信。」法融禪師一聽，就第二次作禮，又問：「請問您為何來此？」

道信禪師回說：「我是特意來訪，請問你晚上在那裡歇息？」

法融禪師說：「東邊有一座小庵。」

法融帶領四祖道信前往，道信看到茅庵四周有許多虎豹的腳印，便舉起兩手作恐怖狀。

融禪師說：「你還有這個在嗎？」意思是：你還有恐懼之心嗎？

道信禪師反問：「你剛才看見了什麼？」

法融又無法回答，便請道信禪師坐下來。在法融禪師入內端茶時，道信在他對面的座位上寫了一個「佛」字。法融禪師回來，忽然看見座位上多了一個「佛」字，悚然一驚，遲疑著不敢坐下來，怕大不敬。

四祖見狀，也笑說：「你還有這個在嗎？」法融禪師茫然不知所對。

任何一個禪者，生死勘不破，就有恐怖；榮辱勘不破，就有得失；貴賤勘破，就有分別；生佛勘不破，就有顛倒。四祖道信禪師和法融禪師的悟境不同，就是因為對無為法的體證有所差別。

人頭落地

有一天，龍牙居遁禪師對德山宣鑑禪師說：「假如我現在手中有一把鋒利無比的寶劍，我就把你的頭砍下來。您覺得如何呢？」

德山宣鑑禪師一聽，立即伸長了脖子，說：「你砍吧！你砍吧！」

龍牙居遁禪師聽他這麼回答，高興地說：「你的頭已經被我砍下來了！」

德山宣鑑禪師聞言，只是哈哈一笑。這件事情過後不久，龍牙居遁禪師去參訪洞山良价禪師，並且將自己與德山宣鑑禪師這一段對話的經過，說給洞山良价禪師聽。

洞山良价禪師靜靜地聽完他的敘述，終於開口問他：「當時，德山宣鑑禪師說了些什麼？」

龍牙居遁禪師答：「他沒有說什麼。」

洞山良价禪師說：「你不可說他沒說什麼，其實，德山宣鑑的頭沒被你砍下，倒是你龍牙居遁的頭，已經被他給砍下來了。」

龍牙居遁禪師忍不住辯解：「我的頭還在啊！」

洞山良价禪師：「那麼，你將德山宣鑑被砍下來的頭拿給我看！」

龍牙居遁禪師直到這個時候，才終於真正大徹大悟。

龍牙居遁禪師要以寶劍砍下德山宣鑑禪師的頭，說明他已有忘卻對方的意念，但是洞山禪師卻提醒他，其實他反被德山給砍下頭了，龍牙辯解頭還在，說明了他粘著猶在，尚未斬斷對自己的執著。

禪要我們「空諸所有」，但並不是否定所有，而是將賓主對待一如，把自他圓融一體。一旦接觸到禪心中道平等的超越境界，則是非虛妄的世界自然就會粉碎。

真身不二

朝宗通忍禪師為明末清初的僧人，年少時，跟隨江蘇靖江縣長生庵的獨知禪師剃度出家，二十二歲聽到「無生」之說，心有所感，於浙江天童寺參謁密雲圓悟禪師，並且擔任他的侍者。幾年後，得到圓悟禪師的印可。

清朝順治年間，朝宗通忍禪師於寶華山擔任住持，當時座下有一位禪者問朝宗通忍禪師：「倩女離魂，究竟倩女的真身呢？還是幽魂是真身？」

這位禪者所提的「倩女離魂」，指的是元曲作家鄭光祖根據唐代傳奇文《離魂記》改編的懸奇故事。故事大意是說：

書生王文舉與衡州張公弼的女兒倩女，從小指腹為婚，張母因王文舉未有功名，不肯答應將女兒嫁給王文舉。文舉無奈進京應考，沒想到倩女趕來相會，願一同赴京。然而，文舉看到的其實是倩女的魂魄，真正的倩女正在家中臥病。後來文舉及第，二人一同返鄉就任。這時候，倩女的魂魄也與病榻上的倩女合而為一，最後與文舉正式成親。

禪者問朝宗通忍禪師究竟何者是真身的話之後，就等著禪師回答。沒想到，朝宗通忍禪師並不予以理會，二話不說就離開了。這位禪者不明所以，站在原地發楞。

然後，走沒多遠的朝宗通忍禪師，突然回頭對著還在發呆的禪者大聲問說：「喂，你明白不明白啊？」

就在禪者還楞楞地不知如何回應之時，朝宗通忍禪師輕輕地在他耳邊說：「告訴你，管她是真身，管她是幽魂，女性，是不能私自與人約會的哦！」

禪門雖然以密語、密意來心心相印，所以不一定說出口，或明白地說明。但是禪實在是坦蕩蕩的，一切明白，一切現成，不容許畫蛇添足。

這雖然是一則明朝時撰寫的《倩女離魂》故事，在公案中卻把痴男怨女的事情，拿來論道談禪。其實真正的禪者會不認識倩女、幽魂嗎？如果將倩女和幽魂分開來說，就犯了禪門的大忌，因為禪門講一心不二，又怎麼可以把它分成二個呢？

聲如雷響

唐朝的隱峰禪師，是福建邵武人，俗姓鄧，世稱鄧隱峰禪師。鄧隱峰禪師最初先參謁馬祖道一禪師，因不相契，改參石頭希遷禪師，之後又回到馬祖道一禪師身邊，最後在其座下悟道，並繼承法嗣。悟道之後的鄧隱峰，告別了馬祖道一禪師，去了南泉普願禪師那裡論道，後來又到潭州（湖南）的大溈山拜訪溈山靈祐禪師。

鄧隱峰禪師來到大溈山，就要求一見溈山靈祐禪師。溈山靈祐一聽是師叔鄧隱峰禪師法駕光臨，即刻整衣前往佛殿迎接。可是到了佛殿之後，卻看見鄧隱峰禪師睡臥在地上，便說了一句：「臥如來怎麼睡在地上？」然後就轉身回方丈室去了。

過了很久，溈山靈祐禪師沒有再聽到侍者來報告，於是找來侍者，問說：「師叔現在正在做什麼呢？」

侍者回答說：「他已經離寺他去了。」

溈山靈祐禪師又問：「那麼，師叔離開之前有說過什麼話嗎？」

侍者搖搖頭，回答說：「一言不發就走了。」

溈山靈祐禪師馬上走向門口，遙望著虛空，讚歎地說：「雖不發一言，卻聲如雷響啊！」

禪門裡的大德，雖然有時會做出一些怪異的舉動，然而這只是他們在運用各種的方法，來表示他的禪機以及禪用。

鄧隱峰禪師前來拜訪溈山靈祐禪師，竟然就睡臥在大殿上，乍看之下，這是相當不通情理、不合佛法禮儀的。因為佛殿是供人禮拜的地方，怎可在此睡臥呢？但是鄧隱峰禪師不過是藉此試探靈祐的反應，看看靈祐是認為他無狀，叫人呵斥他、趕他出寺？或者說他是一條龍、或是一條蛇？

溈山靈祐禪師也不上當，所以說了一句：「臥如來怎麼睡在地上？」短短的一句話，讓鄧隱峰禪師聽了非常滿意，因此便起身離去。兩人就這樣，不言是，不言非，於是非之外，顯露出彼此間的的大機大用。所以，溈山靈祐禪師最後對著虛空說，莫道無語，佛法的機用比雷聲還響啊！

文殊應供

居士，一般指在家的佛教信徒，梵語稱「迦羅越」。

以前，有位迦羅越渴望得到文殊菩薩的現身加持，為他開啟智慧。有一天，迦羅越設齋宴供養僧眾，並特地在宴席前方擺設一張讓文殊菩薩應供的高廣座椅。

等到應供開始的時候，忽然出現一位面貌醜陋的跛腳老翁，衣衫破爛，臉孔骯髒，看起來十分邋遢。只見老翁一拐一拐的走向高廣座椅，然後大大方方地坐上去。

迦羅越見狀，心想：「這座椅是專為文殊菩薩或德高望重的大和尚所準備的，怎麼可以讓一個骯髒的乞丐來坐呢？」於是，迦羅越就上前將老翁拉下來，要他到角落吃飯。

不一會兒，老翁又一拐一拐地上前，端坐在座椅上。迦羅越氣急敗壞地奔過去，將老翁硬拉到一旁，就這樣，兩人如是來回拉扯了七次，最後老翁總算待在角落裡用齋，迦羅越這才放下心來。

齋宴結束後，迦羅越到佛寺回向功德。他向菩薩祈願：「願將齋僧功德回向今生能得到文殊菩薩的加持，使弟子早日開啟智慧。」

忙碌了一天的迦羅越，疲憊不堪地回到家中之後，倒頭便睡。睡夢中，文殊菩薩來到迦羅越床前，對他說：「你日日祈求希望能見到我，今日我前來應供，滿你所願，你卻七次將我從座椅上拉下來，因此我只得在角落用齋了。」

迦羅越立刻從夢中驚醒，對自己的有眼不識泰山，感到萬分懊悔。

《金剛經》云：「若以色見我，以音聲求我，是人行邪道，不能見如來。」執相而求，只會離道愈來愈遠。迦羅越想得到文殊菩薩的智慧加持，可是他卻以貌取人，當有了分別對待，就有顛倒迷惑，因此文殊縱然現身，迦羅越也視而不見，又怎麼能求得自在無礙的般若智慧呢？同樣地，參禪學道，若對眾生不能心存平等，不能泯除人我對待，又怎能與清淨平等的佛道相應呢？

聲聞行者

現代人喜歡聽演講，從聽聞中吸取講者的人生閱歷，及生命智慧。別小看聽的力量，在佛世時有相當多的弟子，從聽聞入門，進而修行證悟的，我們稱之為「聲聞」。

聲聞行者，有很高的求知欲望，為聽聞佛法，積極進取；他們潔身自愛，嚴持戒律；他們發出離心，出家修行。「出家」不是走出家門而已，這兩字含義深遠呀！聲聞人聽佛說法，明白了世間本質是苦，所以放下物質、名利、感情等等誘惑，一心修道，期能「出」離生死輪迴之「家」。

出家之後開始一層層地剝落自己的煩惱，無始劫以來我們輪迴六道，養成不少習氣，好比酒瓶，雖將酒倒掉，仍有酒氣，老菸嗆沒在抽菸，手上依然殘留濃濃的菸味。聲聞人即使證得阿羅漢果也仍存有餘習，好比舍利佛尊者雖是智慧第一，依然有重男輕女的優越感。

舍利佛有一回隨文殊菩薩到維摩居士住所探病，忽見一位少女，活躍地穿來走去，於是生起輕慢心。少女知道舍利弗的心，便從空中散出繽紛的花朵，花朵落在菩薩身上，隨即落地，但落在舍利弗身上，就黏住了，且揮之不去。

天女說：「花沒有分別，是尊者的心在分別啊！」

舍利弗問：「你這麼不平凡，何不轉女成男呢？」

天女回答：「男女就像是魔術師變幻出來的形相，哪來的男女呢！」

一旁的維摩居士說：「這位天女曾供養過九十二億諸佛，已能夠遊戲神通。在本性上，一切法平等，沒有男女分別，舍利弗千萬不要小看了女人啊！」

舍利弗聽後慚愧不已，從此不敢再輕視女人。

佛法從耳入，一字一句猶如水滴穿石，要多久才能滴破頑石？聲聞人最快三生，最遲六十劫證果。此果位分四階段，須陀洹果、斯陀含果、阿那含果、最後是阿羅漢果，為聲聞乘的極果。

到了阿羅漢果位，就真的出離三界之家，不再受生死輪迴的痛苦，此刻享受的是解脫大樂。然而這艘船，只是載自己到彼岸的獨木舟，如果能回小向大，從出離心再發菩提心，那麼小船將會變成一艘大船，接引眾生一起登上彼岸。

喚作糖餅

某天，有位學僧到睦州道明禪師那兒去參訪，睦州道明禪師就問他說：「你平常都看那一方面的佛學？」

學僧沒有隱瞞，老實地回話：「學人曾經讀過唯識法相。」

睦州道明禪師再問：「那麼能夠講說唯識論嗎？」

學僧謙虛地回答說：「不敢。」

睦州道明禪師拈起桌上的一塊糖餅，分作了兩片，問學僧：「三界唯心，萬法唯識，你怎麼說法？」

學僧無言以對。

睦州道明禪師不放鬆，仍然繼續追問：「這個東西叫糖餅對呢？還是不叫糖餅才對呢？」

學僧一聽更緊張，汗流浹背地回答說：「不可不叫作糖餅。」

禪師看了看學僧，隨即輕鬆地問一個侍立在他身旁的沙彌：「一塊糖餅分作兩片，你怎麼說法？」

沙彌毫不猶豫，答說：「兩片留在一心。」

禪師再問：「你稱它作什麼？」

沙彌回說：「糖餅。」

睦州道明禪師忍不住哈哈大笑，說：「你也會講唯識論。」

學唯識和學禪，方法和方向都不一樣，唯識重知識，重分析，而禪不重知解，不重分析。禪者是直指本心，見性成佛。禪師們的言句幽默，態度親切，他們不喜歡板起面孔說教，他們有時說東，實在指西；有時打你罵你，實在是愛你護你。唯識家橫說豎說，要明唯識義，而禪者的一句「喚它作什麼？」曰；「糖餅！」已將「三界唯心，萬法唯識」表達無遺了。

通身是眼

道吾圓智禪師和雲巖曇晟禪師是師兄弟，都在藥山惟儼禪師的座下修行。

有一天，道吾禪師問雲巖禪師說：「我們供在佛殿上的觀世音菩薩，有千手千眼，現在請問你，觀世音菩薩的千眼之中，那一個眼睛才是正眼？」

雲巖禪師回答：「如同你昨天晚上睡覺，枕頭掉到地下時，你沒有睜開眼睛，手往地上一抓就把枕頭抓起來，重新枕在頭下又繼續睡覺。請問你那個時候是用什麼眼去抓的呢？」

道吾禪師聽了以後，就說：「喔！師兄，我懂了，我懂了。」

雲巖繼續問：「你懂了什麼呢？」

道吾禪師回答：「遍身是眼。」

雲巖禪師聽後笑了一笑說：「你只懂了八成。」

道吾禪師不禁疑惑地問：「你怎麼說我只懂了八成呢？那究竟該怎麼說呢？」

雲巖禪師指示：「通身是眼。」

遍身是眼，是從分別意識上去認知的；通身是眼，才是從心性上、真心上、無分別智慧上顯現的。我們有一個通身是眼的真心，為什麼不用他徹天徹地的觀照一切呢？

我們平時看東西用八識中的眼識來分別，可是肉眼能看到這邊，就不能看到那邊，能看到近處，就不能看到遠處，能看到外面，就不能看到裡面。但是天眼通就不同了，所謂天眼通，不論內外遠近都看得到。然而天眼也不究竟，天眼之上還有慧眼，慧眼之上還有法眼，法眼之上還有佛眼。

以無分別心的佛眼來看世間，世間一切在自性上都無分別，是自然顯現的。因此，我們參禪悟道者，以真心本性的心眼、佛眼來觀看世間，就能無有不知，無有不曉，那就是禪的功用。

正確收攝六根福德日益增長

「善哉制於眼，善哉制於耳，善哉制於鼻，善哉制於舌。」——《法句經》

我們身上的眼睛、耳朵、鼻子和舌頭都是感知各種感覺的重要器官，也就是眼、耳、鼻、舌、身、意合稱「六根」。我們用眼睛觀看、用耳朵聽聞、用鼻子嗅聞、用舌頭嘗味、用身體感知觸感、用內心來察覺意識，由此而建立起那個叫「我」的主觀意識。眼睛觀察對象，耳朵聽聞音聲、鼻子嗅聞氣味、舌頭品嘗味道、身體感知觸感、內心分別對象，這叫做色、聲、香、味、觸、法「六境」。六根之主觀與六境之客觀相互對應，由此而引發感覺，這稱為眼識、耳識、鼻識、舌識、身識、意識「六識」。結果，以上六類的主觀、客觀以及主客相應之認識作用這三種東西，就這樣每天演繹出我們的生活。也就是說，我們身上的六種器官、六種對象境界以及六種認識作用合在一起，形成了「十八界」。

佛陀教導我們，不要因自己的感覺而生起喜歡、厭惡之心，亦勿因此而沉溺或排斥。佛陀並且勸誡吾人，勿為毀譽所動搖，亦勿犯下被旺盛與衰弱所動搖之愚蠢過失；若能使內心不偏向痛苦與歡樂的任何一邊，時時保持絕對的平靜，那就能進入聖人的行列。

好好看管離自己最近的眼、耳、鼻、舌、身、意，不要讓它們四處亂竄，修行正是從這裡開始的。這也可以歸納為對身、口、意三業的收攝。持戒是調御身體的最佳方法，安住於禪定的境界是收攝口舌最好的辦法，長養智慧則是調伏內心最上等的方法。換言之，戒、定、慧三學乃是收攝紛亂感覺的修行基礎。

如今，我們總是從每天攝取的食物當中感到陣陣殺氣，這顯然是用「不仁慈」的食物來填滿身體、滿足口腹之欲，最終使內心變得邪惡。我們應該一起祈願，願我們能遵循佛陀的教誨，正確地收攝自己的眼、耳、鼻，看管好身、口、意，俾使罪業日漸消滅、福德日益增長。

寧願獨行遠離是非

「寧一人獨行，不與愚為友。獨行離慾惡，如象獨游林。」——《法句經》

佛陀時代，在憍賞彌修行的比丘僧團曾發生過一場紛爭，這起事件成了日後教團分裂之源頭。起初，只是背誦經典的經師與背誦戒律的律師之間的小口角，但演變到最後，兩派比丘不分日夜地爭鬥。

為了阻止派系鬥爭，佛陀勸誡、斥責他們，但鬥爭還是愈演愈烈，連追隨他們的在家信徒也跟著分起派系。佛陀知道這是眾生宿業未盡，於是離開憍賞彌，到鄰近村莊的森林裡。佛陀遠離充滿是非的日常紛爭，並安詳地向人們宣說精進修行的功德，就這樣在林中度過了三個月。

據經典記載，佛陀在森林裡接受大象侍奉、獲得猴子供養，同時深入禪定，遊走於真理的世界，與憍賞彌那些結黨鬥爭的比丘形成強烈對比。經過這次事件，佛陀留下「勿與愚人為友」的教誨。

雖然大象是動物，但牠卻在臨死前離開同伴，悠悠地在森林中遊走，彷彿向死亡前進，獨自度過每一天。當其他大象發現獨自死去的同伴遺體時，大象會用象鼻舉起同伴留下的象牙，在森林裡徘徊好一陣子後，將象牙放回地上，然後再次走進森林裡。

那種悼念的肅穆氣氛，就像是為獨自死去的同伴唱誦葬曲。就連大象這種動物能在臨終前預知時日，並為死去的同伴哀悼。如果我們沉溺於貪欲之中、與愚痴的人交往，只會像過了十五的月亮那樣徒增晦暗；我們應該保持清醒，觀察自己的行為，看看自己每一刻究竟在做些什麼。

佛陀教導我們，一但擺脫對「我」的執著、對「屬於我的」之貪念、毀譽、成敗、分別自我與他人等價值觀而振作起來，寂靜、自由、疏通之大道自會顯現。

若所有人都被二分法的價值觀所束縛，認為自己才是對的，致是非不斷；但佛陀以身作則，向我們示範如何擺脫那些紛爭，往森林中獨自行走，並深入思維以端正自身。

南傳《經集》裡的《犀牛角經》提到，真正的修行人應該是獨自行走的。「不向眾生施加棍棒，不傷害他們之中任何一個。對所愛之人生起愛意與思念，對厭惡之人心存憎惡與埋怨，故當放下一切愛意與怨恨。」

佛陀留下的言語讓人領悟那是偉大的真理，是消除渴愛的清涼甘露水。

瞋恚與生天界

「諦語不瞋恚，分施與乞者。以如是三事，能生於諸天。」——《法句經》

擺脫愚痴、回歸智慧人生乃是佛陀的基本教法，這「愚痴」的代名詞就是「貪、瞋、痴」三毒。三毒中又以瞋恚的愚痴最像熊熊大火，能將我們平時累積下的所有功德燃燒殆盡。因此我們須以智慧來熄滅瞋恚的火焰。

《法句經》第十七〈忿怒品〉中記載一則與羅喜妮公主有關的故事。羅喜妮公主由於前世妒忌心重，因此今生雖貴為公主，但卻患有嚴重皮膚病。阿那律尊者叫公主將所有財產布施出去，為出家人建造齋堂，並到道場去懺悔祈禱。懺悔祈禱的內容包括把道場每個角落打掃乾淨。

而羅喜妮公主也確實帶著愉悅的心情來發願，將寺院掃得明亮潔淨。最後妮公主擺脫了因無知而犯下的瞋恚業報，帶著歡喜心與誓願之心，重獲清淨的身軀。

有則樹神如何化解瞋心的故事。佛陀在世時，有位比丘為蓋茅舍而砍樹。可是，樹上卻住著依附在此的樹神，比丘突然砍樹，害樹神的兒子折斷手臂。樹神怒不可遏，想要殺死比丘，但他忽然想到不能殺害修行人，於是澆熄心中怒火，到佛陀那裡告狀。

佛陀聽完樹神的話後，對樹神善於調御瞋心的做法大為讚嘆。就像懂得適度調節馬車奔馳速度的馬夫一樣，樹神也已成為善於調御自己忿怒情緒的真正馬夫。

另有一則與佛陀宣說以上偈頌直接相關的一則故事。佛陀在世時，大目犍連長老曾到天界去與天人對話。見天界的人每天都在優美的環境中，快樂地過著富饒的生活，他於是問道：「請問如何才能得生天界、如此愉快地享受各種福報？」

第一位天人回答說，他不是因經常聽聞佛法或多行布施，而是因實話實說、為人正直得生天界的。另一位天人說，他在人間時曾遇到脾氣暴躁的主人，每天對他發脾氣，但他並沒有以牙還牙，而是把主人當作幫助自己維持生計的恩人，常懷感恩之心，因此死後往生天界。第三位天人則說，即使是看起來微不足道的東西，他也盡最大的誠意來布施給比丘或其他有需要的人，並以此功德得生天界。

誰敢酬價

五代十國時期，有一天，後唐的莊宗巡視河北，問左右侍從說：「這個地方有沒有有德之人呢？」

「皇上，剛剛來的那些僧錄（僧官名），都是有德之人啊！」

「叱！這只是名利之德，我說的是有德之人，不是那些個名名利利。」

「皇上，魏府地方有一位興化存獎禪師，稱得上是一位有道德的人。」

後唐莊宗即刻召興化存獎禪師到行宮，與之問法講道。

「朕收復中原後，獲得一寶，可惜至今都無一人酬價購買。」後唐莊宗說。

興化存獎禪師即刻兩手一伸，笑著說：「請陛下將珍寶拿出來讓我看看！」

後唐莊宗聞言，立刻把頭巾解開，接著做了把全身包裹起來的動作。

興化存獎禪師說：「君王之寶，誰敢出價買啊？」

後唐莊宗聽了相當滿意，又賜紫衣，又賜師號，但是興化存獎禪師自認為無德消受，一概婉辭。後唐莊宗只好賜了一匹名馬給禪師騎乘，沒想到馬受到驚嚇，將興化存獎禪師從馬背上摔了下來，跌傷了腳。

回到寺院，興化存獎禪師要院主做一個木柺子給他拄著，然後在寺裡繞了一圈，逢人就問：「你們還識得老僧嗎？」

「怎麼會不識得和尚啊！當然識得呀！」弟子們無不大聲回答。

「呵呵！跛腳法師，說得行不得！」

走到法堂，興化存獎禪師馬上要維那鳴鐘集眾。

待眾人雲集之後，興化存獎禪師的眼光逐一掃過每個弟子，緩緩問說：「大家可還識得老僧嗎？」

座中僧眾無言以對，興化存獎禪師便將手中的木柺子一擲，端然坐化。

五代的後唐莊宗要見一個沒有名利的高僧，興化存獎禪師和他見面之後，看到君王，君王這不是名利嗎？君主的珍寶，這不是名利嗎？最後又給他一匹名馬，這不名利嗎？

所以，興化存獎禪師只得從名利跌了下來。當禪師拄著楞杖問大家，這還像我嗎？意思就是，現在沾上了名利，和過去都不像了，因此成了能說不能行的病和尚。

最後，興化存獎禪師只有安然示寂，了卻這一段公案，此不易宜乎？

饑來吃飯睏來眠

日本的俳句詩人種田山頭火與大山澄太這兩位禪者，因為禪和俳句而結為知己。

有一次，大山澄太經過種田山頭火所住的庵舍，被周遭的溪水群山、蟬鳴鳥叫，以及鮮嫩的草香所吸引，不知不覺便駐足觀賞，看得忘神。

「欸！澄太君，是嗎？」

遠遠的走廊那頭，種田山頭火親切地叫喚著初識未久的大山澄太。

大山澄太立刻朝聲音的來源處回答：「我是！」

「咚咚咚—」只見種田山頭火赤腳跑了過來，大山澄太都還沒定神，便一把被帶上走廊，「現在正好是中午吃飯時間，我剛做好飯，來吃飯吧！」

種田山頭火很熱情地將大山澄太迎進屋裡，笑得很開心。

到了屋內，種田山頭火讓大山澄太坐下，然後端了一大碗飯，放在榻榻米上，說：「吃吧！」

大山澄太捧起碗，吃了幾口之後，這才發現種田山頭火並沒有吃飯，只是看著他吃，於是問說：「你怎麼不一起吃呢？」

種田山頭火搔搔頭，笑著說：「我這裡很簡陋破舊，什麼也沒有，就只有一付碗筷，你先吃吧！」

大山澄太立刻囫圇吞棗地把飯吃完，趕緊將碗筷交給種田山頭火。

種田山頭火接過碗筷，連洗都沒洗，馬上盛了一大碗熱飯，頭也不抬，就大口地吃了起來。

種田山頭火與大山澄太這二位禪者，既是詩人，也是參禪的人，他們可說是真正放下了人間的榮華富貴，走入大自然，與青山綠水、鳥鳴蟲叫生活在一起，可見得他們的心中，已不計較人間的萬事。

但是這個色身總要維護，所以禪門有云「饑來吃飯睏來眠」，因此種田山頭火要大山澄太「吃個飯吧！」大山澄太也不客氣，直接拿起飯碗就吃了。扒了幾口飯之後，他才發覺到，原來只有一個碗、一雙筷，怎麼能夠二個人共餐呢？於是匆匆忙忙地就把飯吃了，因為總要為還在餓著肚子的人著想啊！而種田山頭火這位禪者也不忌諱，拿起飯碗，也不講究你我分別，就這麼飽餐一頓了。

像這樣，如此地灑脫，如此地不分別，無論人間生活也好，友誼也好，修行也好，不就是這樣了脫嗎？

石龜說話

唐朝的龍牙居遁禪師是江西撫州人，於十四歲時出家學道。他曾經向翠微無學禪師以及臨濟義玄禪師請教「祖師西來意」，然而兩次的請示，都由於悟道因緣未具足，而被老師打了回去。

後來，龍牙居遁又去參禮洞山良价禪師，同樣又問：「請問禪師，如何是祖師西來意？」

洞山良价回答：「等到洞水逆流的時候，我再來回答你。」

龍牙居遁禪師聞言，心中有所契悟，於是在洞山良价禪師座下服勤八年，後受到湖南馬氏的禮請，駐持龍牙山妙濟禪苑，座下門人有五百餘人之多。

有一次，有一個學僧問龍牙居遁禪師：「什麼是祖師西來意？」

龍牙居遁禪師回答學僧說：「等到石烏龜開口說話的時候，我再向你解釋。」

學僧不加思索，立刻順口就說：「石烏龜已經說話了，請您說吧！」

龍牙居遁禧師湊近這位學僧，再次確認：「您說，石烏龜已經說話了啊？」

學僧回答：「是啊！禪師，請您告訴我，什麼是祖師西來意吧？」

龍牙居遁禪師輕聲地說：「那麼請你告訴我，牠究竟向你說了些什麼？」

學僧忽然間被龍牙居遁禪師這麼一反問，頓時啞口無言，滿臉通紅。

禪師們講話，有時候聽起來此事彼事不合情理，各不相干，但是他必然有合乎一個軌道，不是隨便亂說的。

悟道之言和隨便說話不一樣，就如以前有位禪師，他對學僧只是坐著，卻沒有立刻起立向他致敬，便質問說：「你怎麼可以這麼沒有禮貌？見到老師來都不站起來行禮？」學僧說：「我坐在這裡迎接你，就如站在那裡迎接你。」禪師上前就是一個耳光，學僧說：「那你為什麼打我？」禪師回答：「我打你就是不打你。」所以，禪門是不能隨意亂說話的。

這一位青年學僧說石龜已經講話，當禪師問他石龜講什麼話，他又答不出來，所謂「知之為知之，不知為不知」，不知道就不能任意信口亂說。要真的懂得洞水逆流、石龜說話，這必須時間到了，才可以表達，否則還是安心修學為要。

供養三寶幫助更多人

問：最近有人跟我說，農曆七月供養出家人功德最大，為什麼？供養本身又具有何意義呢？它的功德為何非常殊勝呢？

禪師答：農曆七月民間稱為鬼月，但佛教卻稱「孝道月」，這是因《盂蘭盆經》提到，目犍連尊者修行成就了天眼通，他觀到母親墮在餓鬼道，無論什麼食物，送到嘴邊就變成烈火，目犍連尊者明白業力不可代受，但看到母親受苦，非常不忍心，便去請教佛陀如何救度母親？

印度僧團有「結夏安居」傳統，在四月十五日到七月十五日的雨季期間，處於熱帶的印度，路上蟲蛇繁多，所有出家人在這段期間都足不出戶，一方面避免行腳時不小心踩死牠們，一方面專心修持。到了最後一天全體出家人集合布薩，發露懺悔自身的不如法，叫「僧自恣日」。由於布薩，僧團得到真正的清淨，諸佛菩薩也覺得歡喜，所以又叫「佛歡喜日」。

佛陀告訴目犍連尊者，可在佛歡喜日這天，為母親設齋供養僧眾，那時的僧人經過三個月的精進修持，又在當天布薩圓滿，已獲完全的清淨，日後佛法得以廣傳流布，因此這段期間乃至當天撫養僧眾，功德比平常殊勝。目犍連尊者如是照辦，救拔母親脫離惡道之苦。

供養的功德，在於當我們願意把自己的財物、智慧或時間等奉獻出來時，即已漸次破除自己心性的貪欲和慳吝的惡習。看似惠予他人，其實自己得到的更多。《四十二章經》說道：「飯惡人百，不如飯一善人。飯善人千，不如飯一持五戒者。飯五戒者萬，不如飯一須陀洹。飯百萬須陀洹，不如飯一斯陀含。飯千萬斯陀含，不如飯一阿那含。飯一億阿那含，不如飯一阿羅漢。飯十億阿羅漢，不如飯一辟支佛。飯百億辟支佛，不如飯一三世諸佛。飯千億三世諸佛，不如飯一無念、無住、無修、無證之者。」

在佛教的供養裡，供養三寶的功德最殊勝，因三寶住持三法，讓人們解脫生死之苦。試想你供養了一位出家法師，這位法師得以有足夠的食糧可以維持生命，又有足夠的淨財可以從事利益眾生的事，因此而救人心靈無數，甚至宣說佛法而挽回人命，這些受到法師及佛法幫助的人，間接也受了你的幫助，功德大矣。

佛法真髓

益州（四川）的大隨法真禪師是唐末五代時的僧人，在很年輕的時候就已經有所悟道了，即使如此，他仍然四處行腳，參訪許多的善知識，諸如道吾圓智、雲巖曇晟、洞山良价等禪師。

後來，他在溈山靈祐禪師座下學習禪法，苦行數年，每天食不至飽，臥不求暖，經年累月的精進修持，不敢稍有懈怠，溈山靈祐禪師因此十分器重他。

有一天溈山靈祐禪師對大隨法真禪師說：「你在我座下參禪多時，為什麼都不向我問法呢？」

大隨法真禪師慧詰一笑，問說：「老師，您要我從何問起？」

「你為什麼不問『什麼是佛？』」

大隨法真禪師馬上作出搗住溈山靈祐禪師嘴巴的手勢。

溈山靈祐禪師大為歡喜，不禁讚嘆他說：「你確實已得到佛法的真髓！」

真正的佛法寶藏，不在於經論，不在於口授，而在於悟到自己的真如本性。禪，是佛心、是本性，是親證的體會，故非口耳傳授就能得到真髓。然而，要怎麼參禪？怎麼開悟？怎麼成佛？這全是自家事，要想識得娘生面，悟得聖凡同體，修行功夫得扎實做好，如鐵杵磨成繡花針，具足因緣，自然能夠證悟。

不知「從何問起」，表示大隨法真禪師已心無所惑，他搗住溈山的嘴巴，是告知世人，佛之一字豈是言語所能道盡的？當然，大徹大悟不是件容易的事，但只要每天有一點小小的覺悟，日積月累，自然會有豁然大悟的一天。

生命與生活、能動才能活

生老病死，乃人之常情，誰亦倖免不了的，然而有人不幸，死於非命，意外的死亡，亦是難免的事，此為命也，夫復何言？

人的生命與生活、運動、是息息相關的，農村與都市的生活，迥然不同：農村的人日出而作，日暮而歸，整天忙於農事，經常勞動，身體強壯。都市的人，日上三竿，遲遲而起，少於勞動，久而久之，當然身體比較衰弱。

憶我在軍中的生活，早睡早起，每天五點起床，起床之後，必修的課程，晨跑三千公尺，跑得汗流浹背，精神爽快。因此養成我一生喜歡運動，若一天不運動，感覺渾身不舒服，日子難過。

習慣養成，難以改變，時至今日，依然故我。我每天五點起床，則步行至近在咫尺的國小校園裡運動場，此時愛好運動者，從四面八方，陸陸續續來到校園裡，各投所好，開始運動。

來此運動者，從容貌上看來，年逾七十，但每位均紅光滿面，健步如飛，的確，運動使人健康，延年益壽。

人生於世，欲松鶴延年，除了日常生活有規律、不熬夜、行善助人外，唯一的方法，就是多運動。「運動最補」，此為筆者身歷其境之體會。唯有自求多福，多多運動，身體無恙，則日日過著逍遙自在的好日子，就是幸福。

仁人君子

宋朝江南人氏林登雲，到省城參加考試時，乘船經過吳淞江，途中因天色已暗，即將船停泊在一傍水而建的樓房下。夜半時，樓房忽然起火，有一少婦從樓上跳下來，掉落在他所乘的船上。林登雲見她衣著單薄，於是把狐裘脫下給她取暖遮羞，一方面怕船夫侵犯她，故整夜挑燈吟誦詩書直到天亮，隨即把她護送上岸。

放榜後，林登雲被錄取，當他和一位同被錄取的考生去進謁主考官時，主考官說，他曾夢到天神在林登雲的考卷上批著：「裸體婦，狐裘裹，秉燭達旦爾與我」之句，第二天起床，便見到考卷放在錄取的案上。

林登雲聽了，即述說所遇的事情。這時，同他去見主考官的被錄取考生，竟對他下拜說：「你所說的墮樓少婦，即是我的妻子，但當我看她披著狐裘回來，以為她和人有苟且的行為，於是把她休離。」那位考生拜謝林登雲後，立即迎回被他誤會的妻子。林登雲也因見色不迷，維護他人貞節的善行，深受當時宰相器重，之後被選為乘龍快婿。

男女都是接受天地的孕育恩澤而生，應把一切男女當作是自己的兄弟姊妹般，尊重愛護。能夠潔身於德的仁人君子，必能得到天地的愛護扶持與蒼天的降福恩澤，賜予厚福長壽，如意吉祥。

慈悲就有機會——米老鼠

美國有一個畫家，他最貧困的時候，連買油漆、畫布、顏料的錢都沒有，靠畫廣告謀生；後來他在教堂裡修補壁畫。這個時候，他已經慘到只能住在一個破爛的車庫裡。

車庫裡有一隻小老鼠，經常吱吱喳喳在他身邊跑來跑去，由於他都是自己一個人，所以覺得小老鼠也是挺好的朋友。

在這個時候，好萊塢要推一部動畫片，尋找有創意的設計師，有人找他發揮創意。他畫啊畫啊，畫了四、五件稿都覺得不滿意。晚上，他坐在車庫裡面，咬著畫筆，盯著畫紙，正覺得窮途末路的時候，那個小老鼠跑到他桌上，兩隻小眼睛亮晶晶地看著他。他看著這個「小朋友」，腦子裡面跳出一個造型落在筆下，「米老鼠」就這樣誕生了。這個畫家，就是大名鼎鼎的迪士尼先生。

想不到吧，車庫裡的一隻小老鼠成就了一位大師，成就了米老鼠這個經典的卡通形象。

星雲大師常說：「人可以什麼都沒有，就是不能沒有慈悲。」誠然，若迪士尼當初沒有慈悲地與老鼠和平共處，甚至把牠當朋友般地欣賞，就不會有「米老鼠」形象的創意。

「機會」在哪裡？就在慈悲地對人、對事的心念中，在當下，每個因緣都可能導向成功。

成功前先學會思考清楚自己到底要什麼？

在一個社會或團體中，人常會因為「大家都這麼做」、「別人都這麼說」，而盲從風潮、崇拜偶像，價值觀也隨之擺動。就像廣告裡說「吃這、喝那」就能瘦身，開著「名牌汽車」就能享受天倫之樂，這些都是廣告商營造出的價值觀，或許你只要騎著老爺摩托車，就能享受親情，何須名牌汽車呢？

有人覺得要當主管，賺取錢財，才是成功。事實上，也有許多人因過度追求產生更多苦惱，甚至到手了還是悶悶不樂。反思後才發現，這些並不是自己想要的，而是受到家人、朋友或者社會的價值觀影響，以為這樣就是成功。何謂成功？在此簡單下個定義：「做到了自己追求的夢想！」這個夢想也許只是一個家庭主婦、一位好爸爸……，重要的是在成功之前，要先清楚，「自己到底要什麼？」

如果你始終盲從，又怎會知道自己要什麼呢？全球繪圖機大廠維沙泰克創始人瑞恩．雷菲羅洛斯曾說，「我的希臘籍父親是一位船長，在蘇伊士運河做過引水人，雖然沒大學文憑，卻跑遍全世界，他常說：「家庭就是你的大學。」我們星期天不上教堂，整天在家聽古典音樂。父親對我的忠告是：「不要因為其他人都做，就跟著去做，要因為這件事對自己有正面的意義才去做。」

在猶太學校裡，流傳著一句話：「敵人可以奪走我們的珠寶、汽車、皮衣和房子，但絕對奪不走我們的思想。」價值觀會帶著你走到想去的地方，所以成功前，要先學會思考！

正面帶動正面，負面帶動負面

女生周日換了新髮型，周一上班遇到人就問：「我的頭髮會不會很醜？」這問法很有可能得到的回答是：「拜託，你的醜跟頭髮無關！」要想得到正面回答，最起碼的問法是：「我的新髮型很好看吧！」

很多人喜歡抱怨，習慣抱怨。把抱怨當作自己無法出人頭地的理由。所謂為成功找方法，凡事皆有可能。為失敗找理由，處處寸步難行。成果高下，皆由自己的態度而定。

一次世界大戰時，一位叫里根貝克的飛行員被敵機擊中落海，倚靠救生筏在太平洋飄流二十一天，沒得吃沒得喝，當他被救上岸後，有人問他，在這段等待救援的日子中有沒有學到什麼？

他說：「有，我學到了一個重要的觀念，一個人有足夠的水，足夠的食物，就不該抱怨。」

正面的人易得人助，因為正面的人產生一股能量，這能量會吸引人、受人喜歡，人人樂於親近他。

負面的人能量會消失，因為當他在埋怨別人時，他的能量已跑到那個人身上去了，這就是長他人威風，滅自己志氣之理。

星雲大師說：「不要把煩惱帶到床上，不要把怨恨留到明天。」世間本無事，庸人自擾之。看開世間榮辱興衰，自是別有一番滋味！

幸運之星

有〈事〉時，雙手合十向諸佛菩薩養成：祈禱

今年世足除金靴熱門人選備受矚目外，場外有隻「章魚哥」保羅，也紅透半邊天，尤其在牠成功地預言了德國的幾場勝利後，更被德國視為吉祥物，讓世足不只是一場體能較勁，還是一場心理戰。

章魚哥的加持，不能說沒有幫助，在某些心理層面上，確實振奮人心。也難怪美國職棒洋基隊在主場比賽時，特別喜歡松鼠蒞臨，那將會帶來贏球的幸運，因此一旦松鼠哥出現，便激起球迷與球員無比的信心。

盧彥勳打進溫網八強後，媒體紛紛報導，他說，能贏球除靠堅強意志力，還有些撇步，「像延續贏球的前一場把帽子往後，保持好運。」若前一場往後戴輸

球呢？「這一場就改戴旁邊！」

不是每個人都是運動員，但都需要幸運的降臨，幸運在那呢？有位小女孩，每當她心裡有事時，總會雙手合十地向菩薩說，奇妙地還真的讓她解決了問題，因此她一直到長大，只要遇到困難，無論是否在佛堂前她都會以合十的動作給自己祝福。

在你的生命歷程中，一定有過因一件幸運物、一句話或一個動作，而讓你達到成功或愉快的經驗，每當你要面對新挑戰時，就將這些提起，說出那句話或作那個動作，讓自己回到成功和愉快的感覺中，自然容易再一次擁有幸運。

尋找你的幸運之星，找到後經常運用它，自然會有神奇效果喔！

嫌人說禪

圜悟克勤禪師自幼就在四川省成都市的妙寂院出家，受過具足戒之後，來到湖北省黃梅縣東北的五祖山法演禪師處參學。

有一天，五祖法演禪師對圜悟克勤禪師說：「你什麼都好，就是有些毛病。」

圜悟克勤禪師聽了，問說：「不知我有什麼毛病？還請禪師慈悲開示。」

五祖法演禪師回答說：「就是禪太多。」

圜悟克勤禪師一時無法明白五祖法演禪師的意思，於是又很認真的探問：「我本來就是為了參禪啊！禪師您怎麼反倒嫌人說禪呢？」

五祖法演禪師嚴肅地回答說：「因為你說得太過玄妙了，其實禪就如同平常說話一般。」

這時候，有一位學僧聽到兩人的對話，就請示五祖法演禪師說：「您為什麼嫌人說禪呢？」

五祖法演禪師斥責說：「又問又說，這已掉入虛妄的情識分別了！」

圜悟克勤禪師早年在禪學的參究上，將禪視為是可「參」可「說」的，因此陷入分別、知解的深坑裡。禪，原本就不是用來講說，更不是用來討論的，而是時時觀照念頭，在心地上去用功參究。過去叢林的祖師大德，少有開示，只是打坐，若老是將禪掛在口邊開示，則有話多之虞。參禪最好能空諸所有，越單純越好，所以，禪堂常以「只管打坐」來提醒學人。只要「坐功」純熟了，就能「心定」，由定而能發慧，待因緣成熟時，自然就悟道了。

世尊指地深明因果

有一天，佛陀和弟子們在外行化的時候，佛陀忽然以手指著地，說：「這裡適合建一座梵剎（梵剎：本指清淨的佛土，後為佛教寺院的通稱）。」此時，帝釋天拾起一根草插在地上，說：「梵剎已經建好了。」佛陀聽了之後，慈顏微笑。

原來，佛陀過去世在因地修行時，有一世是梵志儒童（年輕的古印度修道人），名叫無垢光。當時有錠光佛（燃燈佛）遊化人間，儒童得知佛將前來，心生大歡喜，希望能獻花供佛，但國王臣民、長者居士等人聚集圍繞儒童根本無法親近。

錠光佛愍念儒童心意虔誠，便將道路化為稀泥，此時眾人紛紛退避，惟恐踩到，儒童見狀，趕緊上前，因為滿地泥濘，儒童不忍佛足踏在泥中而行，於是散髮布地，以便為佛掩泥作路。錠光佛走過之後，儒童終於得以獻花供佛。

錠光佛指著儒童的布髮之地，說：「此處應建一處梵剎。」

大眾中有一位賢首長者，就在錠光佛所指之處，插了一根標竿，說：「莊嚴的梵剎已經建好。」天女們也紛紛從空中散花表示讚嘆。

吾人所身處的娑婆世界，可說充滿了痛苦、無奈、委屈、不平，如何才能活得自在？到哪裡才能找到安樂的淨土？其實，就如帝釋天以一莖草插地為梵剎，賢首長者插標建剎一樣，吾人想找到心中的梵剎、心中的淨土並不困難，只要從人心開始著手。

如果每個人的心是清淨的，那每一個人都有淨土；只要一念生起清淨心、慈悲心、喜捨心，那就是淨土。所以，佛國淨土在哪裡？只要自心清淨，隨處都是淨土，隨處都是梵剎。

逢茶吃茶

徹通義介禪師是日本曹洞宗的僧人，他曾經在宋朝的時候千里迢迢渡海來到中國，在浙江寧波的天童寺參學過，後來成為日本大乘寺的開山祖師。

有一天，徹通義介禪師正以禪宗公案「趙州平常心是道」為學僧們開示，瑩山紹瑾禪師忽然大叫著說：「老師，我悟了！」

徹通義介禪師聽了，就嚴肅地問他：「你悟到了什麼呢？」

瑩山紹瑾禪師回答說：「黑漆崑崙夜裏奔。」

這時，徹通義介禪師雙眼緊盯著瑩山紹瑾禪師，一字一字地說：「說清楚！」

瑩山紹瑾禪師又說：「逢茶吃茶，逢飯吃飯。」

徹通義介禪師終於哈哈大笑，讚賞地認可瑩山紹瑾禪師：「只有你能夠復興曹洞宗的宗風。」

後來，瑩山紹瑾禪師果真大弘曹洞宗風，他所開創的總持寺成為日本曹洞宗的總本山。

古德有云：「千年暗室，一燈即明」，悟道的當下，就即刻粉碎了整個迷妄的世界，呈現在我們眼前的，是另一種世界，另一種風光。然而悟是一種親證的體會，是一種自性的覺醒，是不假外求的。就如同吃飯睡覺，別人不能夠代替我們吃飽安睡，悟必須回歸到日常生活中親身體驗。

「逢茶吃茶，逢飯吃飯」，這雖然是一般的尋常事，但是有幾個人能真正在喝茶吃飯中體悟出禪味？所謂「平常心是道」，悟道的關鍵，就在於一顆平常心。能以平常心來面對生活中的種種有無得失，就不會迷失在顛倒罣礙的情緒裡，而能時時自在，處處無礙。

體解大道

有學僧問馬祖道一禪師說：「請問老師，如何修道？」

馬祖道一禪師聽到學僧這麼發問，就搖搖頭說：「佛道不是用修的，如果真有一個佛道可修，即使修成了，也會有壞去的一天。可是如果不修的話，那與凡夫又有什麼兩樣呢？」

學僧聽了，似懂非懂，又進一步問說：「那要如何才能通達佛道呢？」

馬祖道一禪師回答：「自性人人本自具足，只要能在善惡事相上不起分別、無愛無瞋，這樣就可算是修道人了。如果修道只是一味地追逐善行、棄捨惡事及觀空入定，那麼這些都還屬於有作有為，是特意造作的；甚至，如果還向外馳求，那麼離道就更遠了。要知道，一念妄想，即是三界生死輪迴的根本，如果沒有這一念的執著妄想，便可去除生死的本源，獲得法王的無上珍寶。」

學僧聽了馬祖道一禪師的開示，終於頓然有悟。

修道重在於明心、究心、安心，也就是認識我們的本心，而非執著外相上必須要如何修行，所以古德才會教誡「磨磚不能作鏡，坐禪豈能成佛？」既然如此，是不是就不需要修行了呢？就如馬祖道一禪師所說的，不修行則與凡夫無異，因此事相上仍然需要籍假修真。所以，在生活中，我們要端正身業及善護口業；對於道業要精進，不懶惰懈怠；對於學業要努力，深入經藏；對於事業要開創，弘法利生。然而，若要證道，就必須向心地去參，才能體解大道。

學小花精神準備未來

「喜離惡想者，常念於不淨。當除於愛欲，不為魔羅縛。」——《法句經》

這首偈頌是在警惕我們不要執著於感官上的歡樂，教導我們要時時深入禪定、擺脫愚痴的判斷，最終從看不見邊際的輪迴束縛中脫身而出。

佛陀的根本教法八正道始於「正見」。這意味著，正確觀照並判斷一切事物，才是所有正道的起點。人生就像松鼠繞著篩子邊打轉，度過每一天，無法體悟這是輪迴的束縛。佛陀教導我們要打破這種惰性而覺醒。

不久前，吾人在校園裡看見一朵不知名的花，將它摘了下來，供在小佛龕裡。過一段時間，花朵枯萎了，我便把它清理掉，又過幾天，我發現小佛龕前面布滿一種既像棉花團又像是一團塵土之物。我以為那是灰塵，但仔細一看，才知原來是那朵花的子房掉了下來，隨時間流逝而成此模樣。

花並沒消失，而是以另種面貌出現。那芝麻粒般的種子，為了要乘風至新的土地上發芽，而正準備裝上絨毛般的翅膀。從小花朵的生命中，我看到了生命的實相。一切事物都在形成因果關係，為前進而準備新的面貌。

由此可知，只有充滿智慧的人才能預見未來，且以自己的意志來修正軌道，一路走下去。永不言休的精神、面對未來作好準備，從小花種子身上學到的這些，都足以讓人類為自己惰性的生活而自慚形愧。花種子為了飛向天空而努力，面對它們，我不得不對自己做出深刻反省。

僅此發願，從現在起，世人都能正確觀照實相，如那準備飛向蔚藍天空的種子，學習它們那頑強的生命力。

不行鳥道

某天，有一位學僧問洞山良价禪師說：「請問禪師，您平時教導學人要行鳥道，不知什麼才是鳥道呢？」

洞山良价禪師回答說：「不逢一人。」

學僧繼續追問：「如何才能做到呢？」

洞山良价禪師就回答說：「直須足下無絲去。」

學僧不明白禪師話裡的意思，又問說：「那麼只要行鳥道，就是本來面目了嗎？」

洞山良价禪師的本意，原是為了令學僧放下諸緣，切斷葛藤，不料學僧卻又落入了對空無的執著，因此他只好呵斥學僧說：「你為什麼這樣顛倒呢？」

學僧聽了大吃一驚，於是作禮再問：「請大和尚慈悲，學人什麼地方顛倒了？」

洞山良价禪師耐心地再次點撥學僧說：「如果你沒有顛倒的話，為什麼錯認奴僕為主人？」

學僧還是不明白，於是直接問說：「如何是本來面目？」

洞山良价禪師為了讓學僧截斷眾流，便乾脆告訴他說：「不行鳥道！」飛鳥在天空中飛行，飛過了就不留痕跡，因此洞山良价禪師便以「鳥道」，喻指佛道的修證，就如同凌空而過的飛鳥，無蹤可尋，自由無礙，往來於空寂處，不墮有無迷悟等種種見解。

當學僧執著於什麼是鳥道的時候，那已不是鳥道，所以洞山良价禪師才以「不行鳥道」，來破除學僧的執著。因為所謂的鳥道，也不過是一種方便的接引，假若一有所執，即使只是一絲的染著，也難以契入真理，尋得本來面目。

不起愛瞋

有一天，大香禪師上堂對大眾說法，拈舉了一則文殊菩薩化身為貧女乞齋的典故，對眾人說：

「有一年，山西省五台山的大孚靈鷲寺，依照往例舉辦了一場無遮大會。當時，文殊大士化身成一位衣衫破舊的女子，手中抱著二個幼兒，還有一隻狗子跟在後頭，共赴齋會。

住持和尚於是備辦了三份齋食，布施給這位女子，女子從住持和尚手中接過了飲食之後，又指著跟在她身後的小狗，說：『大和尚，這隻狗兒也得給牠吃點東西才行呀！』住持和尚一聽，臉色就開始變得難看，然而還是勉強又拿了一些食物給女子。這時侯，女子又再開口要求說：『大和尚慈悲，我肚子裡已經懷了小孩，也需要一份食物。』

住持和尚聞言，終於再也按捺不住，憤然呵斥說：『妳怎麼這樣貪得無厭呀？來寺院乞求食物，還百般要求。吶，肚裡的小孩又還沒出生，也需要進食嗎？你根本就是貪心，還不快走。』

女子被住持和尚這麼一呵斥，當下騰空離地，躍入虛空中，化作文殊菩薩，身後的狗兒也化作青毛獅子，二名幼兒則化作善財童子及于闐王，天空一時五色雲氣瀰漫……」

典故說到這裡，大香禪師問大眾：「各位，文殊大士所為何來？」

座中有一位禪僧高聲回答：「貧富無二，貴賤無差。」

大香禪師大笑，隨即誦出當時文殊菩薩留下的一句偈語：「苦瓠連根苦，甜瓜徹蒂甜，是吾起三界，卻被老僧嫌。」

然後，就下座回方丈室去了。

世間的事情都要從兩面來看，菩薩有無限的慈悲，無窮的願力，住持大和尚雖然也施捨歡喜，但有限度，就如女子連肚子裡的小孩也要來化一份齋糧，這在常識上，就非一般人所能同意了。

其實，老和尚喝斥對方貪心，也未嘗不是；對方來識探老和尚的慈悲究竟有多深廣，也未嘗不可啊！所以，對於住持老和尚和文殊菩薩的化身，都不要起愛瞋，這就是我們修行人應有的態度了。

桶水天地

有一天，某位信徒請教無德禪師，到底有沒有地獄與天堂？無德禪師沒有立刻回答，只是叫信徒提一桶水來。

信徒把水提來以後，無德禪師說，水桶裡面就有地獄與天堂。

信徒非常好奇，聚精會神地望著水桶裡面，許久之後，抬起頭來疑惑地說，水桶裡面並沒有天堂與地獄啊。

無德禪師叫他用心再看，於是信徒又把頭低下去，沒想到，當他把頭靠近水面時，無德禪師忽然用力把他的頭壓進水桶裡去，只見信徒痛苦地掙扎，等他快喘不過氣了，無德禪師才放手。

信徒一面喘著氣，一面責怪禪師：「您怎麼可以如此對我！這真像地獄一樣的痛苦。」

無德禪師哈哈大笑，再問：「現在您覺得怎麼樣？」

「現在呼吸自由，像天堂一樣。」

無德禪師這時莊嚴地開示說：「只一會兒工夫，你已從天堂、地獄來回過了，難道還不相信天堂地獄的存在嗎？」

如果因為沒有到過歐洲，沒有到過非洲，就不相信有歐洲、非洲的存在，這是無知，但是無知並不能把歐洲或非洲存在的事實予以否定。人沒有見過、聽過的事情很多，不能因為沒有見過、沒有聽過，就認為這個東西不存在。

所以，愚癡的人不到黃河心不死，不見棺材不掉淚，一定要自己親身經歷過以後，才願意相信。有智慧的人即使不見不聞，依然能以禪心感受到天堂地獄的存在。吾人是否也有這樣的禪心呢？

珍惜現在

日本有一位對日本佛教影響很大的親鸞上人，他就是日本淨土真宗的開山祖師。

親鸞九歲的時侯，就立下出家的宏願。有一天，他來到寺院，要求慈圓禪師為他剃度，慈圓禪師說：「你還這麼年幼，為什麼要出家呢？」親鸞回答：「我雖然年紀小，今年才九歲，但已父母雙亡，我不知道人為什麼一定會死亡，父母為什麼非與我分開不可？我想探索這個問題的究竟，了解生死的原由，所以我想出家。」

慈圓禪師非常嘉許親鸞的志願，便答應了親鸞，又說：「可是今天太晚了，等到明天一早，再為你剃度吧！」

親鸞聽了，非常不以為然，向慈圓禪師懇求：「師父，您雖然慈悲答應明天一早為我剃度，但我年幼無知，沒有把握自己出家的決心是否能持續到明天。而且，師父您年事已高，也不能保證明天早上起床時還活著啊！」

慈圓禪師聽了，拍手稱好，滿心歡喜地說：「對！你說的話完全正確。我們參禪學道的人，最要緊的就是把握當下這一刻。好！我現在就為你剃度。」

唐朝玄奘大師十二歲出家時，因唐朝出家為僧必須經過考試，當時玄奘年幼，未能錄取，因此傷心痛哭，主考官鄭善果就問他為什麼一定要出家？玄奘答稱是為了「光大如來遺教，紹隆菩提佛種」，因有這樣宏偉的志願，才特准了年幼的玄奘出家。這兩位聖者一中一日，互相輝映，實為佛教之美談。

有與無皆禪心

有一天，有位在家學佛參禪的居士，問百丈山的西堂智藏禪師說：「請問禪師，有沒有天堂地獄？」

智藏禪師回答：「有啊！」

居士又問：「請問有沒有佛菩薩？」

智藏禪師也回答「有啊！」

居士再問：「請問有沒有因果報應？」

智藏禪師仍然回答：「有啊！」

不管問什麼樣的問題，智藏禪師都回答：「有啊！有啊！」

這位居士聽到後來不禁懷疑起來，說：「我當初去問徑山道欽禪師，徑山禪師都回答『無』：我問有沒有因果報應，他說『無』；我問有沒有佛菩薩，他說：『無』；我問有沒有天堂地獄，他也說『無』。為什麼我問你，你都說『有』呢？」

智藏禪師聽了以後就說：「哦！原來如此。那我問你，你有老婆嗎？」

居士答：「有。」

智藏禪師再問：「你有兒女嗎？」

居士也說：「有。」

智藏禪師接著又問：「你看徑山禪師他有沒有老婆？」

居士說：「沒有。」

智藏禪師問：「徑山禪師有沒有金銀財寶？」

居士回答說：「沒有。」

智藏禪師終於說：「所以，你問徑山禪師，他都跟你說『無』。但是你有老婆、你有兒女，跟徑山禪師不一樣啊，所以我就跟你講『有』。」

禪門裡沒有標準答案，有時候說「有」，有時候說「無」，是真的不同嗎？實在是沒有不同。道只是一個，有無只是道的兩面，道是因人而有所不同的。禪師的問話與答話，有時說有，有時說無，只是從我們不同的程度或層次來體會不同的問題而已，但我們常常把禪及真理的有與無，從中間劃了一道鴻溝，實在說，有與無是真理的一體兩面，說有說無其實都是禪，唯有將「有」「無」調和起來，才能獲得禪心。

放下所學

河北智隍禪師曾參謁過五祖弘忍大師，自認為已得禪法真傳，後來便結庵而居，修定達二十年之久。六祖惠能大師的弟子東陽玄策禪師雲遊河北時，聽聞了智隍禪師的聲名，便去拜訪他，玄策禪師問說：「您在這兒做什麼？」

智隍閉目回答：「入定。」

玄策：「你所說的入定，是有心入定？還是無心入定？如果是有心，一切有情識的眾生都能得定；如果是無心，那麼所有的草木瓦石，也可以算是得定。」

智隍自信地回答：「我入定時，不見有心或無心。」

玄策立即追問：「既然不見有『有無』之心，那麼就是常定了，既然是常定，還有什麼出定、入定呢？若有出入定可說，那就不是大定了！」

智隍被問得無言以對，思量了許久才問：「您承嗣那位禪師門下？」

「曹溪六祖。」

「六祖以什麼為禪定呢？」

玄策：「家師說，法身湛然圓妙，性相體用一如。五陰本空，六塵非有，心本來就不出不入，不定不亂。禪本來無所住，不要有住於禪寂的念頭；禪也無生滅，不要生起禪定之想。心如虛空，但沒有虛空之量可得。」

智隍聽了這番道理，思緒如潮，決定去參謁惠能大師。

到了曹溪，惠能大師告訴智隍：「誠如玄策所說，只要你心如虛空，不執著空見，運用無礙，動靜都不起分別思量，忘卻凡聖的差別，泯除分別對待，如此性相一如，自然無時不在定中。」

智隍終於言下大悟。

在禪門中想要證悟本性，必須經過參禪的階段。然而從迷到悟的過程中，如果不能有「過去種種譬如昨日死，未來種種猶如今日生」的決心，將過往的知見、執著統統放下，就不能有大死一番的覺悟。所以，參禪學道的人不能被知見所障礙，例如智隍禪師，如果他不能放下過去二十年的所學，又何能在惠能大師的座下聞法得道。

認識自己

有一位報恩玄則禪師，他在法眼文益禪師的寺院裡擔任監院。有一天，法眼禪師問玄則禪師說：「你來我這裡多久了？」

玄則禪師答：「已經有三年了。」

法眼禪師就問：「你為什麼都不到我的方丈室來跟我討論佛法呢？」

玄則禪師說：「不瞞禪師，我已從青峰禪師那裡領悟佛法了。」

法眼禪師就很高興地問：「你根據青峰禪師的什麼話領悟了佛法呢？」

玄則禪師說：「我曾經問青峰禪師，怎樣才能認識真正的自己？他答說：『丙丁童子來求火。』我是從這句話裡有所體悟。」

法眼禪師點點頭，說：「說得好！但是，你應該不可能了解這句話的真正含意。」

玄則禪師解釋說：「丙丁五行屬火，以火求火，這就是說凡事要反求諸己。」

法眼禪師搖搖頭，說：「你果然不了解！如果佛教只是這麼簡單的話，就不會從佛陀時代傳承到今日。」

玄則禪師聽了很氣憤，一氣之下就離開了。後來他想到，法眼禪師是個博學多聞的人，又是領導五百多人的大導師，禪師的忠告一定是有道理的。於是，又回去向法眼禪師懺悔，再次問說：「怎樣才能認識真正的自己？」

法眼禪師回答：「丙丁童子來求火。」

玄則禪師聞言，頓時豁然大悟。

同樣的一句「丙丁童子來求火」，對玄則禪師而言，卻有兩種不同的領悟層次，也可能有更多的層次。就如天上的月亮，對見不得光的小偷與戀愛中的情侶來說，雙方可能就有截然不同的感覺或看法。所以，對於真理不要鑽牛角尖，「反求諸己」固然沒錯，但廣為通達更重要。

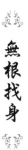

無根禪師有一次忽然入定三日，被人誤以為圓寂了，就將他的身體火化。過了幾天，無根禪師的神識要出定，卻找不到他的身體，寺裡的人都聽到他以悲慘的聲音自言自語：「我在那裡呢？我的身體在那裡呢？」尤其到了夜晚，無根禪師尋找身體的聲音更加悲切，鬧得全寺上下不安。

後來，無根禪師的好友妙空禪師知道了這件事，便特地趕來，對大家說：「今天晚上，我就住到無根禪師房裡，和他好好談談。請替我準備一盆火及一桶水，我要讓他了解什麼是『我』。」

夜深時，找身體的無根禪師來了，悲傷地叫著：「我呢？我的身體呢？」

妙空禪師安詳地說：「好朋友，你在泥土裡。」

無根禪師就鑽進土裡東找西找，找很久都找不到，憂愁地說：「土裡面沒有我呀！」

妙空禪師又說：「那可能在空中，你到虛空中找找看。」

無根禪師又到虛空中找了很久，最後悽切地說：「虛空裡也沒有我，我究竟在那呢？」

妙空禪師指著水桶說：「大概是在水裡吧。」

無根禪師穿梭自如地潛入水桶中，不久又哀傷的出來說：「水裡沒有我啊，我究竟在那裡？」

妙空禪師指著火盆問：「你在火裡面？」

無根禪師就進入火中，還是沒有找到。

這時，妙空禪師嚴肅地對無根禪師說：「你能夠入土、下水，也能進入熊熊的火中，更能自由自在的出入虛空，你還要那個渾身骯髒、處處不自由的色殼子做什麼呢？」

無根禪師聽後，猛然有省，從此不再吵鬧著找「我」了。

真我不是色身，因為色身有礙有病，，色身是無常之物；真我是法身，法身遍滿虛空，充塞法界，乃「亙古今而不變，歷萬劫而常新」之體。禪者證悟真心，應與法身相應，而無根禪師念念不忘臭皮囊，焉能解脫？所幸有同參妙空禪師方便開示，終於讓無根禪師找回真我。

清淨法身

二千五百多年前一個夜晚，悉達多太子坐在菩提樹下，夜睹一顆流星畫過天際，當下悟得緣起法，證入永恆法身，成就釋迦牟尼佛。如果你因此認為看流星能開悟，那就錯了。流星，只是悉達多開悟的因緣，見到流星的緣起法才是關鍵！

萬事萬物都是「因緣生、因緣滅」，佛陀也以「生老病死」的無常示現緣起，他曾和弟子說：「我的肉身會年老衰壞，就像車子會破舊，你們要與無為的法身相應，生命才能與天地同長。而那綠色楊柳、青青松柏……都是我的法身呀！」

生活中每一項人事物，都不離緣起，佛的法身也無所不在。好比喪母的子女，雖然見不到母親的身影，卻會在任何地方、任何時間裡，不由自主地想起母親說過的話、做過的事。如炒菜時，想起母親說要大火快炒；坐上公車，彷彿母親就在身邊……母親的愛，不因往生而消失。法亦如是，也不會因為佛陀涅槃而消失，所謂：「法性常存」。

至於如何見到法身呢？經中提到「見緣起即見法，見法即見佛。」佛陀曾至忉利天為母說法，三個月後回到人間，在迎接的人群中，蓮花色比丘尼是第一位看到佛的人，她正因此而歡喜之際，佛和她說：「其實第一位迎接我的是須菩提，他雖未能親自前來，卻在靈鷲山的石窟內觀空，先見到了我的法身。」

在佛殿裡誦經打坐，能與佛印心，那些在地下室裡做資源回收的義工，若能從垃圾中體悟，一樣能與佛印心。

六祖惠能大師強調將清淨法身回歸到我們自身，畢竟從外境來尋覓法身，倒不如開發心內本自具足的清淨自性，自然所見所聞都是法的流露。

古時許多禪師們身體力行，窮其一生開發自性，才能在杯子掉落、清掃塵垢的瞬間「開悟」。期待大家下一次看見流星時，不再只是許願，而是一番大徹大悟。

放下布袋，何等自在

接連幾天到堪薩斯、聖路易斯及拉斯維加斯弘法，有人羨慕我只帶個簡單的隨身行李就可以行走天下，真有「一缽千家飯，孤僧萬里遊」說走就走的灑脫自在。這句話卻讓我回想起在賭城拉斯維加斯機場裡，某些人搶在登機前最後一刻也要放手一搏，那種放不下、不得自在的情景，不禁想起一則禪門行者金碧峰禪師開悟的典故。（禪門公案）

金碧峰禪師是位修行證道的高僧，尤其他的禪定功夫非常深厚，每一次當他進入甚深的禪定境界，他的神識就自然與空相應，住在虛空之中，而他的色身只不過如空殼般的存在；金碧峰禪師雖然能達到這樣的境界，外境也好像不會干擾他的修行，但惟獨對一樣東西愛不釋手，那就是他珍藏的玉缽，每次禪坐前，他一定先仔細確定收好玉缽，才能安心進入禪定境界。

後來金碧峰禪師陽壽已盡，閻羅王派了幾個小鬼準備捉拿他，偏偏金碧峰禪師正安住於定中，神識離體。幾個小鬼左等右等，等了一天又一天，就是等不到他出定。小鬼們也知道只要金碧峰禪師一天住在定中，他們就一天捉拿不到，眼看沒辦法向閻王交差，於是請教熟知人間情事的土地公，看看有什麼辦法可以令禪師出定。土地公想想就說：「這個金碧峰修行高超，但生平最在意的就是他的玉缽，只要你們能找到他的玉缽，隨意把玩，他即刻就心有罣礙，說不定就出定了！」

幾個小鬼一聽就趕緊回去找著了玉缽，一會搖動，一會敲打。

金碧峰禪師在定中知道有人動到他心愛的玉缽，心中一急，趕忙出定，神識就回到身體裡。說時遲那時快，才一回來，正當他要搶救自己的玉缽時，就被小鬼的鐵鍊重重綁住了，金碧峰禪師還沒有弄清楚怎麼回事，幾個小鬼已在旁邊笑著說：「這下子可好！你就跟我們去見閻王吧！」

金碧峰禪師當下大徹大悟知道一時的貪執，竟然成為他的致命傷，隨即心生一計跟小鬼商量說：「你們既然知道玉缽是我的最愛，那就請你們行行好，在我見閻王前，再讓我摸摸我的玉缽吧！」小鬼們以為，這出家人死到臨頭，還這麼執著，看他可憐，就鬆綁讓他最後把玩玉缽。當禪師接過玉缽，立刻朝地上用力一摜，玉缽剎時化為粉碎。小鬼們還來不及反應，金碧峰禪師重新進入禪定中，只留下一首詩偈在空中迴盪著：「若人欲拿金碧峰，除非鐵鍊鎖虛空；虛空若能鎖得住，再來拿我金碧峰！」

差點就要了禪師千古慧命的玉缽是打破了，但您的呢？如果一個缽是一個執著，您有幾個缽呢？您看清楚了沒？若還不知道自己的缽以何種面貌出現？又從何打破起呢？所謂心為物役，自己的心成了外境的奴隸，卻茫茫不知道，成年累月的被外物驅使不由自主地盲目追求，到最後警覺所為何來時，卻已步入人生盡頭了。

其實，有些執著不是那麼具相，不像一般物質那麼容易看破、放下。譬如有些人對金錢與數字斤斤計較，一旦想通了，自然就可以調整腳步，夠用就好，不必犧牲健康與家庭，盲目去追求存款簿上多個零。這類執著較具相化，也容易看得到；但像感受、感情等抽象層面，就不容易看到了。一般人看到喜歡的人、事、物，就想占為己有，於是貪求不捨，若得不到，即起憎恨怨懟之心；得到了又害怕失去，患得患失，苦不堪言，正所謂「求不得苦，怨憎會苦，愛別離苦，諸苦具足」。想要的東西得不到，討厭的人老碰在一起，喜歡的人卻要分離，真是不亦苦哉！不亦苦哉！

世間千般苦受到底從何而來？真的來自外境的人、事、物本身嗎？如果這樣模糊焦點，當然看不清楚缽在哪兒？更無從解脫了。試著用智慧去觀照，自然明白苦的根源不在外境的人事物，而在內心對人事物的執著，執著才是問題所在。

金碧峰禪師打破令他貪執的玉缽，進入解脫自在的境界，您的呢？還要緊緊抱著不放嗎？送您一句話：「行也布袋，坐也布袋，放下布袋，何等自在。」祝福您人生旅途上身心自在。

談談「恭謙」應世　愚者道隆合十

古早社會，待人接物，比較講求「禮數」，深知把握「分寸」，不單是大夫如此，一般平民百姓，也都普受「禮教」的感染。說起話來循規蹈矩，彬彬有禮，說話如此，寫信更是講究了。

我們年輕時，說到本身時，極少用到「我」字，談到對方更絕少用「你」字。比如在「講我」之前，已有一堆禮貌性的代名詞，諸如「不才」、「小可」、「敝人」、「區區」、「在下」、「末學」、「晚生」、「小子」、「小弟我」。而稱謂對方，則為「師長」、「高賢」、「先進」、「前輩」、「鄉長」、「學長」、「老兄」、「大兄」、「仁兄」……千百種不一，但凡稱呼得當即可謂得禮。

老朽前半輩子，即深受「禮教」之感召，「抑己、尊人」，結了無數「善緣」。比如向老者問路，則說：「請教阿公老人家，X路怎麼走？」如果遇上老阿嬤，則說：「敢問老阿嬤，X路怎麼走？」最後都得圓滿結果，這正是「禮貌為先」的好處。它如問人姓名年里，多稱「貴姓？」「台甫？」或是「尊姓大名？」「仙鄉何處？」「今年貴庚？」對方總謙答為：「小姓X」、「賤名X」、「小地方XX」、「年甫XX」等。如覺這種問話太文酸，至少可說：「敢問府上是？」—意即你是哪裡人？對方會回答：「敝處山東」，我會肅然起敬的說：「失敬失敬，原來是聖人的小同鄉！」

一般稱別人的居處，多稱「府上」，而稱自身的居處為「寒舍」、「浮寓」、「蝸居」；稱別人的妻子兒女為「尊嫂」、「公子」、「千金」，而稱自己的妻子兒女為「拙荊」、「小犬」、「犬女」，總而言之，抬高別人，抑低自己乃基本禮貌，但時至今日，此種「自謙」言語，用於個人則可，有些公開場合，卻不可使用。比如女兒女婿婚後歸寧，公開宴請賓客於五星級飯店，你便不可形容「菜餚粗淡」，請多見諒，大飯店會告你「損害名譽」啦！

在封建時代，在朝為官的，有多重嘴臉，君主臨朝，群臣按部就班，高呼萬歲，有本上奏時，頻稱「微臣」、「小臣」、「罪臣」，一副奴才樣，即至坐堂後，又大模大樣自稱「本官」、「本部堂」，甚至告老還鄉，歸隱林泉，還摸著鬍子稱「老夫」，餘威炎炎未滅哩！

科舉講功名，有功名的見父母官，打恭作揖即可，而白身的平民必須下跪，口稱「小民」、「草民」、「賤民」—老朽即是必須下跪的那號貨色也。年華老邁，自稱「老愚」、「老殘」，是個「老沒志氣」的「老不修」，但做做後世才人的「跟班老僕」還是可以的呀！

佛法大海：千手千眼觀音菩薩

說到菩薩，總是給人一股溫暖的感覺，當人們陷於痛苦、悲傷之際，若能馬上稱念菩薩名號，就會立刻升起力量，帶來無比的信念。

菩薩，是菩提薩埵的簡稱，來自梵語Bodhisattva，意為覺悟有情的眾生。菩薩是一位自己覺悟後，也要發心覺悟一切眾生的聖者，就像民眾在緊急危難時，總會撥打「一一九」電話般，菩薩給人的印象就是隨時準備出勤，服務他人。因此，許多菩薩形態多為自在坐，一腳盤起，一腳垂下，就是方便馬上出發去幫助別人。

與一般大眾最有緣的菩薩，當屬觀世音菩薩。他是一位最好的生命線老師，專門接聽眾生求救的音聲，菩薩的電話號碼就是他的名號，只要你專心誠意地誦持，菩薩會「聞聲救苦」。化現為你身邊的人，一件事、一句話……不經意地提醒、幫助你。所謂三十二應化身，「應以何身得度者，即現何身而為說法。」

所有的觀音像中，千手千眼觀世音菩薩像最特別。一般人不解菩薩為何千手千眼，因而心生恐懼，其實那都是助人的象徵。過去在千光王靜住如來佛的時候，佛教授〈大悲咒〉，觀世音菩薩當下發起救度一切眾生的悲願，因慈悲頓生千手千眼，並手持各種法器、文物甚至武器等，若在現代也許會手持iphone、筆電、滑鼠等，運用各種方法來救助他人，因此菩薩總是不斷地在學習。

菩薩的慈悲出自於無我的智慧，沒有貧賤富貴、男女老幼的區別。如水一般，只要眾生需要，能流向任何一方，也能隨各種器皿變形狀。

有一班同學，在畢業若干年後，舉辦一場同學會，有人相當有成就，有人正陷於困頓，當然多數人都是平平的。

老師請大家喝茶時，拿出各式杯子，任大家挑選，之後一一倒茶，就在大家品茶之際，老師說話了：各位同學，雖然杯子形態各異，但裡頭裝的都是茶，不因杯子而改變了它的味道。就像我對你們的關懷，不會因為外在的表現而有不同。菩薩亦如是。

盜香比丘善神斥責

「超越善惡業，勤修梵行，奉行戒定慧，方為真比丘。」——《法句經》

人生在世，可以有各式各樣的生活，我們很難斷言那一種才是最有價值的人生。但我們至少可以說實踐「道」的人生是最可貴的，而以那種方式生活的人，《法句經》中將其定義為「實踐『道』之人」。

這裡所說的「道」，可解釋為「真理」、「真諦」、「真實」。佛陀教導我們要將「惡」的根源連根拔起，將汙泥沉澱後，連渣滓也去除乾淨，不論在什麼情況下，都不被欲望束縛，在自己的生命中活出真理，這樣的人才能成為真正的修道僧。那些實踐「道」的人們生活就是如此，他們能擺脫一切束縛而獲得真正的「大自由」。佛陀告訴我們那便是解脫涅槃的境界，真正的修行人在擺脫善惡理念的同時，也會在現實問題中嚴格地自我要求。

南韓的日陀律師生前常針對「盜香賊」說法開示。有一位清淨僧人一心要完成道業，結果在專心修行的過程中病倒了。一個陽光和煦的早晨，僧人來到蓮池邊，讓疲憊的身軀稍作歇息，就在這時，剛好吹來一陣風，蓮花的香味亦隨風飄來，蓮花的香氣芬芳無比，僧人深深地陶醉其中，但此時守護池塘的水神卻顯現身影，指責僧人是「盜香賊」，因為他不像個修行人，竟貪於蓮花的香氣，而一時忘了修行的決心。

過了不久，有個面目猙獰的男子來到蓮池邊，不僅將蓮花拔起，甚至還把蓮藕一併挖出帶走。然而，水神卻對此袖手旁觀，毫無責備之意。剛才被指責的僧人十分不滿，抱怨水神處事不公，水神回答，對那些沉溺於貪欲的世人而言，將藕根偷走不過是受貪欲影響的行為，但以「清淨少欲」為根本的修行人，貪愛蓮花香以致一時忘了修行的本分，如此便是盜香之賊，因而開口斥責。

故事中的僧人不過是一時沉醉於迎風飄來的花香，就招來善神的警告，而我們這些打著宗教的名號、實則不懂自我省察的人，說不定已經被拋棄在善神的警告之外了。我們應反省自己的日常生活，是否早已遠離佛陀的告誡了？

正如《法句譬喻經》中所言：盲人守燈，何用之有？如今，我們須以智慧來端正自身，不沾染俗世的貪欲，並且時時照亮世間。只要自己挺直而立，身影自然就不會歪曲散亂。

我不識字

有一位禪者，他終日在藏經樓（圖書館）上只管打坐，藏經樓藏主（圖書館館長）看到這種情形，覺得相當奇怪，有一天，終於忍不住開口詢問禪者：「大德，你天天在這個藏經樓打坐，為什麼不在此看看經呢？」

禪者很坦誠地回答藏主說：「因為我不識字。」

「既然你不識字，為什麼不請人教你呢？」

禪者反問：「請問要請誰來教我呢？」

藏主不客氣地說：「你可以來請教我啊！」

禪者起立頂禮，然後叉手詢問藏主說：「請問這是什麼字？」

藏主無言以對，因為禪者問的是自性。

禪宗不立文字，即因為語言文字不能表達自性，不能表達真如，不能表達本來面目。

六祖惠能大師還沒到黃梅五祖弘忍大師那裡時，雖不識字，可是能聽經解義。後來到了五祖那裡之後，終日在磨房裡操作苦役，也不曾閱經讀藏，但終能明心見性，可見悟道並不是從語言文字上能夠得入的。

藏經樓上的禪者，雖然不看經，但卻能老實修行，每日只管打坐。藏主很慈悲，勸他閱藏，禪者無奈，只得站起叉手受禮，表示自己悟道的境界。

禪不限於語言文字，毋須向外攀緣。用眼耳去分別世間生死，那只是知識，不是悟道，不是禪！禪，只須向內心觀照，向內心參究，有時閉起眼來，不看、不聽，對宇宙豁然貫通，一樣可以悟出本來面目。

濟人之急

古代江蘇省楚州有位姓王的人，以賣花為業，他賣的花花朵鮮豔，因而生意興隆。

有一天王在回家前，先到古廟中用小秤稱銀。忽然聽到嘆息聲，王大驚往視，見一破衣男子。正準備懸樑自殺，王勸他不要做傻事，男子說：「小人不幸家業凋零，沒本錢作生意，一貧如洗，年關將近，家裡無柴、米，妻子又臨產，我出外想借錢以應所需，竟然無人答應。沒有臉面回家，不如一死算了！」

王說：「你若死了，你妻在產中無人救援，必然同小孩一起死亡，豈不是葬送三條生命，我今天賣花，除了資本八錢，還賺八錢，我和你平分好了。」於是銀子慷慨地送給他，也不問姓名，男子感激萬分叩謝離去。

王再到街上賣剩下的花，直到天黑才回家，妻子在門口等候，詢問為何晚歸。王把贈銀救急之事告訴她：妻子也無怨言，說：「剛才見堂中火光明亮，我怕見鬼，因此不敢在家。」

王往光源處挖掘，發現三甕銀子，上覆元寶三錠，上有文字：「救人三命，天賜興家。」王得到這些金銀，加以妥善經營，於是成為巨富。

遇人有急事，量己力去幫助。有限的物資。能緩一時之急。進而使急難者尋得活下去的力量。一念仁慈的心。能使天地產生祥和之氣。

彌勒菩薩

「笑到幾時方合口；坐來無日不開懷。」彌勒菩薩坐山門外，送往迎來人人都歡喜。這位大肚和尚給人印象總是笑口常開，但在印度，祂卻是位纖瘦的思維菩薩。

彌勒菩薩無量劫前是位修行者，一日遇洪水暴漲，七日無法外出乞食，當時一對兔王母子便投入火海以身護法供養。行者當下發願，世世不起殺想，不食眾生肉，直到成佛，因此稱為慈氏，即「彌勒」。

久遠劫前，彌勒與釋迦牟尼一起出家修行，但因釋迦牟尼先發大乘心，並以單腳站立七日讚嘆底沙佛，所以比彌勒早成佛。彌勒菩薩將繼釋迦牟尼佛之後遞補佛位，現生於兜率內院，頂帶寶冠瓔珞，兩腳交叉而坐；或右手指臉頰，左腳下垂成半跏思惟的彌勒像，就是在兜率天等待下生的坐姿。

「當來下生彌勒尊佛」將在五十七億六千萬年後，來到人間於龍華樹下成佛，分三次說法，因此許多佛教徒多發願「龍華三會見佛聞法。」

中國五代後梁時期，據說彌勒菩薩化身布袋和尚行度人間，他大腹便便、滿臉笑容，常以竹枝挑著大布袋在街上化緣。一日，他走到奉化岳林寺，坐在大石上說「彌勒真彌勒，化身千百億，時時示時人，世人皆不識」後，即刻往生。宋時，岳林寺依此形像塑造彌勒菩薩像，自此天下佛寺山門也倣效成為鎮山之寶。

除山門外，佛寺齋堂內也開始供奉彌勒菩薩。話說寧波天童寺有一回舉辦供千僧齋，突然來了位胖和尚跑去坐和尚大位，氣得糾察師父拉起他的耳朵往外拖，耳朵拉長了，回頭一看，身子卻安然不動。大和尚知道此非凡人，趕緊讓位。此後，齋堂彌勒之名不逕而走。

普為出資及讀誦受持
輾轉流通者迴向偈曰

願以此功德　消除宿現業
增長諸福慧　圓成勝善根
所有刀兵劫　即予飢饉等
悉皆盡滅除　人各習禮讓
讀誦受持人　轉轉流通者
現眷咸安樂　先亡獲超昇
風雨常調順　人民悉康寧
法界諸含識　同證無上道

佛學與人生 W001

慈悲致富般若風光

編 著 者：虛空等眾
出 版 者：蘭臺出版社
發　　行：博客思文化事業有限公司
美　　編：J・S
編　　輯：張加君
地　　址：台北市中正區開封街1段20號4樓
電　　話：(02)2331-1675或(02)2331-1691
傳　　真：(02)2382-6225
E－MAIL：books5w@gmail.com
網路書店：http://www.5w.com.tw
結緣匯款銀行：土地銀行營業部
帳號：041001173756
匯款戶名：蘭臺網路出版商務股份有限公司
劃撥帳號：18995335
戶　　名：蘭臺出版社
出版日期：2010年12月 初版
歡迎助印

ISBN:978-986-6589-30-0

南無阿彌陀佛

敬請常念